인공지능 교육과 법

인공지능총서

인공지능 시대입니다. 기계가 인간의 인지를 대신하고, 사물이 인간을 통하지 않고 다른 사물과 직접 커뮤니케이션합니다. 이에 따른 인간 삶과 문명 변화를 정확히 이해·예측·대응하는 것은 이 시대 우리 모두의 과제입니다. 인공지능총서는 인공지능 기술과 환경의 여러 주제를 10가지 키워드로 정리합니다. 관련 개념과 이론, 학계와 산업계의 쟁점, 우리 일상의 변화를 다룹니다. 인간과 기술의 현재, 미래를 세심히 분석합니다.

일러두기

- 인명, 작품명, 저서명, 개념어 등은 한글과 함께 괄호 안에 해당 국가의 원어를 병기했습니다.
- 외래어 표기는 현행 어문규정의 외래어표기법을 따랐습니다.

처음이세요?

전문가세요?

인공지능 교육과 법

이영호

대한민국, 서울, 커뮤니케이션북스, 2025

인공지능 교육과 법

지은이 이영호
펴낸이 박영률

초판 1쇄 펴낸날 2025년 5월 30일

커뮤니케이션북스(주)
출판 등록 2007년 8월 17일 제313-2007-000166호
02880 서울시 성북구 성북로 5-11
전화(02) 7474 001, 팩스(02) 736 5047
commbooks@commbooks.com
www.commbooks.com

ISBN 979-11-430-0185-6 03500

책값은 뒤표지에 표시되어 있습니다.

차례

인공지능 교육과 법

디지털 기술의 급속한 발전과 함께 우리 사회는 전례 없는 변화의 물결을 경험하고 있다. 특히 인공지능 기술의 등장은 단순한 기술적 혁신을 넘어 인간의 삶과 사회 전반에 근본적인 변화를 가져오고 있다. 스테파니아 자니니(Stefania Giannini) 유네스코 교육 부국장이 말했듯이 "인공지능 문해(literate)를 위한 지식, 이해력, 기술은 이제 시대의 기초적 문법(a basic grammar)"이 되었다. 교육 분야 역시 이러한 변화의 중심에 서 있으며, 인공지능 기술을 교육에 접목하려는 시도가 전 세계적으로 활발하게 이루어지고 있다.

기원전 1000년부터 산업혁명이 있었던 1500년경까지 거의 3000년 동안 세계 경제 성장률은 연평균 0.01%에 불과해 생활수준은 거의 변화가 없었다(Bank of England, 2019). 그러나 산업혁명 이후 생산성이 혁신적으로 증가했고, 20세기에 생산된 재화와 서비스의 총량은 그 이전까지의 인류 역사의 누적 총 생산량을 초과한 것으로 추정된다. 1900년부터 2000년 사이에 세계 GDP는 불변 가격 기준으로 약 19배 증가했는데 (IMF, 2000), 이는 불과 25년마다 세계 경제 규모가 2배 이상씩 커져 왔음을 의미한다. 21세기에도 이러한 성장세는 지속될 것으로 예상되고, 그 중심에 인공지능 기술이 있다.

인공지능 연구의 철학적 기반은 1950년 앨런 튜링(Alan M. Turing)이 "컴퓨팅 기계와 지능(Computing Machinery and Intelligence)"에서 제안한 '이미테이션 게임(The Imitation Game)'(후에 '튜링 테스트'로 명명)에서 발견할 수 있다. 이는 기계를 만든다는 생각은 꿈에도 하지 않은 튜링이 만든 사고 게임이었다(제임스 글릭, 2016). 인간 판정자가 텍스트 기반 대화를 통해 상대가 인간인지 기계인지 구분하지 못할 경우 해당 기계를 지능적이라고 판단하자는 이 기준은 "기계가 생각할 수 있는가(Can machines think?)"라는 존재론적 질문을 실용적인 문제로 전환시켰다. 튜링은 '어른의 사고를 모방하는 프로그램을 만들려고 애쓰기보다 아이의 사고를 모방하는 프로그램을 만드는 것은 어떨까? 그런 뒤 이 프로그램에 적절한 교육을 하면 그 결과 어른의 지능을 얻게 될 것이다'라며 갓난아기에서 시작해 인간의 지능이 어떻게 성장하는지를 파악하면 기계에도 지능을 구축할 수 있다고 생각했다(마틴 포드, 2019). 튜링의 이 사고 실험은 인간과 구별할 수 없는 행동이 진정한 '이해'나 '의식'을 의미하는지에 대한 철학적 논쟁을 촉발했는데, 결론적으로는 인공지능 연구의 기본 방향성을 설정한 것이라 할 수 있다.

1956년 다트머스 대학(Dartmouth College)에서 열린 워크숍에서 존 매카시(John McCarthy), 마빈 민스키(Marvin L. Minsky) 등은 인간 지능의 핵심을 기호 처리 능력으로 보고 알고리즘 개발에 초점을 맞추었다. 이 다트머스 여름 프로젝트는 인공지능 분야 최초의 학술적인 연구로 간주된다. '구식 인공지능(Good Old-Fashioned Artificial Intelligence, GOFAI)'으로 불리는 기호주의(Symbolism)는 인간의 마음을 논리적 연산 법칙에 따라 기호를 조작하는 기계 같은 존재로 인식한다. 기호주의는 1980년대에 전문가 시스템(Expert System)에서 정점을 찍었으나, 상식 지식 문제(Commonsense Knowledge Problem: 인간이 당연하게 여기는 상식을 모두 규칙으로 표현하기 어려운 문제) 및 불안전성(brittleness: 시스템이 설계자가 명시적으로 프로그래밍한 규칙과 상황에서만 잘 작동하고, 예상치 못한 입력이나 상황에 직면하면 완전히 실패하는 특성) 등의 한계를 보였다. 이러한

GOFAI 시스템의 불안정한 성능에 비해 인간의 뇌와 유사한 특성을 보이는 신경망에 대한 긍정적인 평가를 바탕으로 연결주의(Connectionism)가 두각을 나타내기 시작했다(닉 보스트롬, 2017). 1949년의 헵 이론(Hebbian Theory)에서 기원을 찾을 수 있는 연결주의는 역전파 알고리즘의 발전과 신경망의 학습 가능성이 증명되면서 가속화되었고, 2000년대 후반 빅데이터의 등장과 GPU 컴퓨팅의 발전으로 딥 러닝(deep learning)이 획기적 성과를 보이면서 주류가 되었다. 최근에는 두 패러다임의 장점을 결합한 뉴로-심볼릭 AI(Neuro-Symbolic AI)와 같은 통합적 접근법이 새로운 방향으로 제시되고 있다.

인공지능은 과학과 기술의 발전과 함께 그 개념도 다양하게 정의되어 왔다. 2007년 매카시는 '지능적인 기계, 특히 지능적인 컴퓨터 프로그램을 만드는 과학과 공학'이라고 했고(John McCarthy, 2007), 구글은 '컴퓨터에서 음성 및 작성된 언어를 보고 이해하고 번역하고 데이터를 분석하고 추천하는 기능을 포함해 다양한 고급 기능을 수행할 수 있는 일련의 기술'로 안내하고 있으며, 유네스코 산하의 세계과학기술윤리위원회(World Commission on the Ethics of Scientific Knowledge and Technology, COMEST)는 '지각, 학습, 추론, 문제해결, 언어 상호작용,

심지어 창의적 작품 제작과 같은 인간 지능의 특정 기능을 모방할 수 있는 기계'라고 정의했다.

인공지능은 인간이 발명한 가장 강력한 도구 중 하나로 평가된다. 2022년 11월 미국의 OpenAI사가 발표한 챗GPT(ChatGPT)는 발표한 지 불과 2년 남짓 만에 전 세계 3억 명 이상의 사람들이 사용했다. 미국에서는 2025년 1월 기준으로 성인 7명 중 1명이 챗GPT를 사용했는데 사용자의 80%가 35세 미만이다. 캘리포니아 주립 대학교는 50만 명의 학생들에게 챗GPT를 제공하고 있다(OpenAI, 2025). 이러한 현상은 인공지능이 얼마나 빠르게 우리 사회에 침투하고 있는지를 보여준다.

이러한 큰 관심 이면에는 그림자도 보인다. 2023년 초 국내의 한 국제학교가 챗GPT를 이용해 영문 에세이를 제출한 학생들을 전원 0점 처리하는 일이 일어났다(최미송, 2023). 인공지능 대필이나 인공지능 표절이라는 부작용은 이미 현실이 되고 있다. 국제 바칼로레아(International Baccalaureate)는 학생들이 챗GPT에서 생성한 작업을 에세이에 인용할 수 있게 허용하고, 인공지능 챗봇 사용을 금지하지 않을 것이라고 밝혔다(Nicola Woolcock, 2023). 반면 이런 부작용에도 불구하고 교육 분야에서 인공지능 기술을 적극적으로 받아

들여 새로운 기회로 삼아야 한다는 의견도 크다. 스위스의 로젠베르크 사립학교(Institute auf dem Rosenberg)는 학생들에게 챗GPT와 같은 인공지능 도구 사용을 권장하고 있다(Pete Syme, 2023).

우리나라는 1990년대 후반 이러닝(e-Learning)의 도입을 시작으로 교육의 디지털화를 꾸준히 추진해 왔다. 2007년 디지털교과서 상용화 방안이 발표된 이후 단계적인 시범 적용을 거쳐 2018년부터는 초·중·고등학교에서 사회, 과학, 영어 등의 과목에 디지털교과서가 정식으로 도입되었다. 이러한 흐름 속에서 2023년 교육부는 '디지털 기반 교육 혁신 방안'을 통해 2025년부터 인공지능 디지털교과서를 세계 최초로 공교육에 도입하겠다는 계획을 발표했다(교육부, 2023). 이는 단순히 기존 교과서의 디지털화를 넘어 인공지능 기술을 활용해 학생 개개인에게 맞춤형 학습을 제공하겠다는 교육 패러다임의 혁신적 전환을 의미한다.

인공지능 디지털교과서는 인공지능 튜터를 통해 학생들의 학습 상태를 분석하고 부족한 부분의 원인을 찾아 맞춤형 피드백을 제공함으로써 '단 한 명도 놓치지 않는 개별 맞춤 교육'을 실현하고자 한다(교육부, 2023). 이는 교육의 평등과 효율성을 동시에 높일 수 있는 혁신적 접근으로 평가받고 있다. 그러나 동시에 학생 개인 정보 보호, 디지털 기기 과몰입, 문해력 저하, 인공지능 리터러시 문제, 교사의 역할 변화 등 다양한 우려와 쟁점도 제기되고 있다.

인공지능 리터러시는 인공지능 기술의 중요성이 증가함에 따라 주목받기 시작했다. 리터러시(literacy)는 원래 글로 된 언어를 사용해 우리 자신을 표현하고 의사소통하는 능력을 의미한다. 인공지능이 광범위하게 보급되면서 '개인이 AI 기술을 비판적으로 평가하고, AI와 효과적으로 의사소통하며 협업하고, 온라인, 가정 및 직장에서 AI를 도구로 활용하는 일련의 역량'을 의미하는 '인공지능 리터러시(AI literacy)' 개념이 등장했다. 역사적으로 리터러시의 확산은 정치적, 해방적 결과를 가져왔다(Long & Magerko, 2020). 이는 리터러시가 단순한 기술적 능력이 아니라 사회적, 정치적 변화를 이끌어 낼 수 있는 강력한 도구가 될 수 있음을 보여준다.

인공지능 기술의 급속한 발전과 효율성은 교육 부문에서도 도입을 더 이상 미룰 수 없게 만들고 있다. 교육은 개인의 자아실현과 경제적 기반 확립, 사회의 민주화를 뒷받침하는 기본 요소이므로, 교육 분야에 인공지능을 도입하는 것은 더욱 다양한 도전 과제를 제기한다. 여기서 주목할 점은 인공지능 기술을 교육에 통합하는 과정에서 현재의 법적 체계가 이러한 변화를 충분히 뒷받침하지 못하고 있다는 사실이다. 인공지능 기술의 교육적 활용을 위한 새로운 법적, 제도적 프레임 워크가 필요한 시점이다.

우리나라의 경우, 현행 법률 체계에서는 「초·중등교육법」, 「학교보건법」, 「과학·수학·정보 교육 진흥법」, 「지능 정보화 기본법」, 「디지털 기반의 원격 교육 활성화 기본법」, 「이러닝(전자 학습) 산업 발전 및 이러닝 활용 촉진에 관한 법률」, 「개인정보 보호법」, 「저작권법」, 「인공지능 발전과 신뢰 기반 조성 등에 관한 기본법」 등이 인공지능 교육에 적용될 수 있으나, 이들 법률은 인공지능 시대의 교육 환경을 충분히 반영하고 있다고 보기 어렵다.

인공지능 교육에 대한 법적 공백은 다양한 문제와 혼란을 야기할 수 있다.

첫째, 학습 데이터 수집과 활용에 대한 명확한 법적 근거가 부족해 학생 개인 정보 및 저작권 보호와 데이터 활용 간의 균형점을 찾기 어렵다.

둘째, 인공지능 교육 거버넌스가 부재하다. 「인공지능 발전과 신뢰 기반 조성 등에 관한 기본법」은 인공지능 교육에도 적용되므로 교육부장관이 아닌 과학기술정보통신부장관이 교육 부문 인공지능에 관한 사항을 주관하도록 되어 있는 점 등이 그러하다.

셋째, 교육 관련 인공지능 콘텐츠의 품질 관리와 표준화를 위한 프레임 워크가 미비하다.

넷째, 인공지능 교육을 위한 재정 확보와 지역 간 디지털 격차 해소를 위한 제도적 장치가 불충분하다.

다섯째, 인공지능 교육에 참여하는 교사들의 역량 강화와 전문성 개발을 위한 법적 지원 체계가 미흡하다. 교사들이 인공지능 기술을 효과적으로 활용하고 학생들을 지도할 수 있도록 하는 체계적인 연수 프로그램과 인센티브 제도가 부족한 실정이다.

여섯째, 인공지능 기술을 활용한 학습 평가 방식과 그 결과의 공정성, 타당성을 보장하기 위한 법적 기준이 확립되어 있지 않다. 인공지능이 학생 평가에 관여할 경우, 알고리즘의 편향성 문제와 평가 결과에 대한 설명 책임 문제가 발생할 수 있다.

일곱째, 인공지능 교육 과정에서 발생할 수 있는 윤리적 문제와 책임 소재에 관한 법적 규정이 부재하다. 인공지능 시스템이 내린 교육적 결정이나 추천에 오류가 있을 경우, 그 책임을 누구에게 물을 것인지, 어떻게 구제

할 것인지에 대해 여러 법률이 중복·저촉되어 적용되거나 교육 부문에 관한 명확한 지침이 없어 교육 현장의 혼란을 초래할 수 있다.

이미 인공지능 디지털교과서의 법적 지위와 관련해 큰 혼란이 발생한 상황이다. 정부는 2023년 발표한 '디지털 기반 교육 혁신 방안'을 통해 2025년에 세계 최초로 인공지능 디지털교과서를 공교육에 도입할 것을 선언했고, 이후 발행사 및 에듀테크 업체들은 'AI 디지털교과서 개발 가이드라인' 등 정부 일정과 지침에 따라 인공지능 디지털교과서를 개발했다.

2023년 10월 24일 정부는 '교과용 도서에 관한 규정'을 개정해 '지능 정보화 기술을 활용한 학습지원 소프트웨어'를 '디지털교과서'로 정의하고, 이를 '교과서'에 포함시킴으로써 '인공지능 디지털교과서'에 '교과서'로서의 법적 지위를 부여했다.

그러나 교과용 도서의 범위를 대통령령에 위임한 현행 「초·중등교육법」 제29조 제2항이 헌법상 교과서제도 법률주의에 위반된다는 주장(김범주, 2024) 및 디지털 기기 중독, 문해력 약화, 개인 정보 침해 등 부작용에 관한 충분한 검토와 대책이 마련되었는지 등에 관해 논란이 있어 왔고, 결국 2024년 12월 26일 국회가 인공지능 디지털교과서를 '교과서'가 아닌, 학교장이 학교운영위원회의 심의를 거쳐 활용할 수 있는 '교육 자료'로 정의하는 내용의 「초・중등교육법 일부 개정안」(제29조 제1항 및 제2항, 제29조의 2 신설 등)을 통과시키기에 이르렀다. 그리고 이에 대해 대통령 권한대행은 인공지능 디지털교과서를 '학습 자료'로 할 경우 발생할 수 있는 학생・학부모의 경제적 부담, 학습 격차, 기술적 질 관리, 개인 정보 보호 문제 등을 이유로 2025년 1월 21일 동 법안에 대해 거부권(재의 요구)를 행사했다(2025년 3월 17일 기준 아직 국회가 재의하지 아니해 위 개정안은 제정・공포되지 아니했다. 따라서 이 책에서는 현행 '교과용 도서에 관한 규정'에 따라 '교과서'라는 명칭이 부가된 '인공지능 디지털교과서'라는 표현을 그대로 사용한다). 이로 인한 일선 교육 현장 및 학생・학부모의 혼란은 물론 교육부의 방침을 믿고 인공지능 디지털교과서를 개발해 온 발행사・에듀테크 업체들의 피해도 우려된다.

우리나라는 2025년 1월 「인공지능 발전과 신뢰 기반 조성 등에 관한 기본법」을 제정해 2026년 1월 22일 시행을 앞두고 있으나, 이는 인공지능이 적용되는 모든 분야에 적용되는 포괄 법으로 교육 분야의 특수성을 충분히 반영하지 못한다는 근본적인 한계가 있다.

이에 인공지능 교육의 정의와 범위, 인공지능 교육 윤리, 거버넌스, 국가와 지방 자치 단체의 책무, 예산 근거, 품질 관리와 평가 체계, 교원 양성과 수업 자율성, 인공지능 교육 전문 인력 양성, 투명성 · 안전성 · 신뢰성 확보, 데이터 활용의 특례, 저작권 귀속 및 면책 규정, 국제 협력 등을 포괄하는 (가칭) 「인공지능 교육 기본법」 또는 (가칭) 「디지털 교육 기본법」을 제정해 인공지능 교육의 공공성, 민주성, 헌법상 실질적 기회균등 원칙을 구현하고, 교육 본연의 이념과 가치에 맞는 거버넌스 및 규율 체계를 구축할 필요가 있다.

이외에도 인공지능 교육의 재정적 기반 확보 및 에듀테크 산업의 육성과 지원도 중요한 과제이다.

향후 인공지능 디지털교과서 인프라 구축에도 막대한 재정이 소요될 것으로 예상되며 지역 간 디바이스 보급률에 상당한 격차가 존재한다. 현재 지방 교육 재정은 국가 교부금과 지방 자치 단체 전입금에 크게 의존하고 있는데 장기적인 재정 안정성을 보장하기 위한 제도적 보완이 필요하다.

기존의 ICT 강국인 데다 세계적인 교육열을 갖고 있는 등 에듀테크 산업의 자양분을 충분히 갖추고 있는 우리나라로서는 급격히 성장하는 에듀테크 시장은 놓칠

수 없는 부문이다. 그러나 에듀테크 산업 발전을 뒷받침할 법적, 제도적 장치는 여전히 미흡한 상황이다.

인공지능 교육은 개인은 물론 국가 경쟁력을 좌우할 요소가 될 것이다. 초·중등학생을 대상으로 한 인공지능 디지털교과서뿐 아니라 평생 교육 수단과 대상으로서 인공지능 교육은 우리 교육의 미래를 결정할 중요한 시금석이 될 것이다. 이러한 혁신적 시도가 성공적으로 뿌리내리기 위해서는 첨단 기술력만이 아닌, 이를 뒷받침할 탄탄한 법적·제도적 기반이 필수적이다. 인공지능 교육에 대해 막연한 두려움이나 지나친 낙관론에 빠지지 않고, 기존 디지털교과서의 장점은 살리고 단점은 보완하며, 인공지능 기술의 특성을 고려한 균형 있는 접근이 필요하다.

이 책은 위 문제 인식을 바탕으로 인공지능 교육의 현황과 과제, 법적·제도적 쟁점과 개선 방안을 종합적으로 살펴보고자 한다. 1장에서는 인공지능의 개념 및 발전 과정, 그리고 인공지능 교육의 의미에 대해 살펴본다. 2장에서는 인공지능 교육에 관한 국제적 규율 현황을 살펴보고, 3장에서는 우리나라의 인공지능 교육에 관한 규율 현황을 살펴본다. 이를 위해 먼저 2025년 1월 21일 제정된「인공지능 발전과 신뢰 기반 조성 등에 관한 기본법」을 개관하고, 인공지능 교육과 동 법과의 관계를 살펴본다. 4장에서는 우리나라의 1990년대의 디지털 교육 정책 현황부터 2020년대의 인공지능 교육 정책 현황 및 평가를 살피면서 향후 인공지능 교육 정책에 반영해야 할 사항이 무엇인지 살펴본다. 산업 측면에서 바라본 인공지능 교육도 인공지능 교육에 대한 규율 못지않게 중요하다. 이에 5장에서는 에듀테크 현황 및 법 제도적 보완이 필요한 것은 아닌지 살펴본다. 6장에서는 인공지능 교육 정책이 반드시 추구해야 할 헌법 정신을 살펴보고, 7장에서는 인공지능 교육을 구현하기 위해서는 충분한 재정 지원이 필요하며, 이를 확보하는 데 우리의 교육 재정 관련 법령이 충분한지, 보완할 점은 무엇인지 살펴본다. 딥 러닝과 생성형 인공지능의 보급은 필연적으로 학생 개인 정보 보호 문제와 저작권 보호 문제를 동반한다. 이에 8장에서는 공정 이용(fair use) 조항의 해석 및 TDM 면책 규정의 도입을 통해 인공지능 교육산업과 저작권 보호 사이의 균형점을 찾기 위해 노력할 필요성을 제기하고, 9장에서는 현행「개인정보 보호 법」체계가 인공지능 교육을 구현하는 데 충분한지에 관해 살펴본다. 마지막으로 10장에서는「인공지능 발전과 신뢰 기반 조성 등에 관한 기본법」을 포함한 인공지능 교육과 관련한 현행 법령들이 중복 · 저촉되면서도 규율의 사각지대가 발생하는 모순점을 지적하면서 교육 본연의 가치에 부합하는 (가칭) 「인공지능 교육 기본법」 내지 (가칭) 「디지털 교육 기본법」의 제정의 필요성을 논한다.

인공지능 기술이 교육 현장에 미칠 영향력과 잠재력을 고려할 때, 우리는 이 기술을 어떻게 활용할 것인지, 어떤 가치와 원칙을 중심으로 교육을 재구성할 것인지에 대한 사회적 합의를 이루어야 한다. '단 한 명도 놓치지 않는 개별 맞춤 교육'이라는 이상을 실현하기 위해, 기술의 발전과 함께 우리의 법과 제도, 그리고 교육적 성찰도 함께 진화해야 한다. 인공지능 시대의 교육은 단순히 첨단 기술을 도입하는 차원을 넘어, 교육의 본질과 가치를 재확인하고 모든 학생이 자신의 잠재력을 최대한 발휘할 수 있는 환경을 조성하는 방향으로 나아가야 한다.

참고문헌

교육부(2023). 디지털 기반 교육 혁신 방안.
https://www.moe.go.kr/boardCnts/viewRenew.do?boardID=72769&boardSeq=94551&lev=0&searchType=null&statusYN=W&page=1&s=moe&m=0315&opType=N

최미송 외(2023.2.9.). [단독]국내 국제학교 학생들, 챗GPT로 과제

대필… '전원 0점'. ≪동아일보≫. https://www.donga.com/news/Society/article/all/20230209/117801590/1

Bank of England(2019). How has growth changed over time?. https://www.bankofengland.co.uk/explainers/how-has-growth-changed-over-time

Bostrom, N.(2016). Superintelligence: Paths, Dangers, Strategies. Oxford University Press. 보스트롬, 닉 옮김(2017). 『슈퍼인텔리전스』. 까치글방.

COMEST(UNESCO World Commission on the Ethics of Scientific Knowledge and Technology)(2019). Preliminary Study on the Ethics of Artificial Intelligence. https://unesdoc.unesco.org/ark:/48223/pf0000367823

Ford, M.(2018). Architects of Intelligence. Packt Publishing. 포드, 마틴 옮김(2019). 『AI 마인드』. 터닝포인트.

Gleick, J.(2011). The Information: A History, a Theory, a Flood. Pantheon Books. 글릭, 제임스 옮김(2016). 『인포메이션』. 동아시아.

Google(n.d.). 인공지능(AI)이란 무엇인가요?. https://cloud.google.com/learn/what-is-artificial-intelligence

International Monetary Fund(2020). Chapter V: The world economy in the twentieth century: striking development and policy lessons. https://www.elibrary.imf.org/display/book/9781557759368/ch005.xml

Long, D. & Magerko, B.(2020). What is AI literacy? Competencies and Design Considerations. CHI '20: Proceedings of the 2020 CHI Conference on Human Factors in Computing Systems, pp.1–16.

McCarthy, J.(2007). What is artificial intelligence?. Stanford University.

OpenAI(2025). Introducing the Intelligence Age. https://openai.com/global-affairs/introducing-the-intelligence-age/

Syme, P.(2023.2.11). A $162,500 per year Swiss boarding school —possibly the world's most expensive —says it's embracing AI tech like ChatGPT to help students learn. Business Insider. https://www.businessinsider.com/chatgpt-ai-most-expensive-boarding-school-switzerland-students-learning-2023-2

Woolcock, N.(2023.2.27). International Baccalaureate lets pupils use ChatGPT to write essays. The Sunday Times. https://www.thetimes.com/article/international-baccalaureate-lets-pupils-use-chatgpt-to-write-essays-fqkq0fzhw

01
인공지능과 인공지능 교육

인공지능의 역사적 발전 과정을 탐구하고, 인공지능 교육의 의미를 살펴본다. 1940년대 초기 인공 신경망 모델의 등장에서부터 오늘날의 정교한 딥 러닝 알고리즘과 자연어 처리 기술에 이르기까지 인공지능의 혁신적 여정을 살펴보고 교육 분야에서의 인공지능 활용 영역을 확인한다. 교육 도구로서의 인공지능은 학습자 영역에서는 개인화된 학습 경험을 제공하고, 교사 영역에서는 교육자의 업무 효율성과 교수법을 혁신하며, 시스템 영역에서는 교육 행정과 정책 결정에 도움을 줄 수 있다.

AI와 1인 창업?

인공지능의 발전 과정

1997년 IBM의 슈퍼컴퓨터 딥 블루(Deep Blue)가 체스 세계 챔피언을 물리쳤고, 2011년 IBM의 인공지능 와슨(Watson)이 〈제퍼디(Jeopardy!)〉 퀴즈쇼에서 사람을 이겨 세상을 놀라게 했다. 하지만 아직 많은 사람들은 인간의 직관이 크게 작용하는 바둑에서만큼은 인공지능이 사람을 이기기는 어려울 것이라고 생각했다. 그러나 2016년 3월 구글 딥마인드(Google DeepMind)의 알파고(AlphaGo)가 이세돌 9단을 4승 1패로 이기면서 대중들은 인공지능의 잠재력을 본격적으로 인식하게 되었다. 같은 해 1월 세계경제포럼(World Economic Forum, WEF)에서 클라우스 슈밥(Klaus Schwab) 의장이 인공지능, 빅데이터, 사물인터넷, 로봇공학, 블록체인 등의 기술이 융합되어 기존 산업 구조와 사회 시스템에 근본적인 변화를 가져오는 현상을 처음 '4차 산업혁명(Fourth Industrial Revolution)'이라 명명했다. 이런 점에서 인공지능 기술이 최신의 혁신적인 기술이라고 생각하기 쉽지만 사실 그 역사는 생각보다 오래되었다.

인공지능(Artificial Intelligence)이라는 용어가 사용된 첫 공식 문서는 1955년 8월 31일에 존 매카시, 마빈 민스키, 너새니얼 로체스터(Nathaniel Rochester), 클로드 섀넌(Claude E. Shannon)이 작성한 17페이지 분량의 『다트머스 여름 연구 프로젝트 제안서』(John McCarthy et al, 1955)다. 이 제안서는 '연구를 통해 기계가 언어를 사용하고, 추상화와 개념을 형성하며, 인간에게 맡겨진 문제들을 해결하고, 스스로를 개선하는 방법을 찾으려는 시도가 이루어질 것'이라고 했고, 이 개념은 지금까지 인공지능 연구 및 기술 개발의 기본 골격을 이루고 있다고 볼 수 있다.

위의 제안 이후 1956년 6월 미국 다트머스 대학교에서 열린 6주간의 '인공지능에 관한 다트머스 여름 연구 프로젝트(Dartmouth Summer Research Project on Artificial Intelligence)'라는 워크숍에서 공식적으로 '인공지능'이라는 용어가 발표되었다. 이 워크숍에서 매카시, 민스키 등 10명의 과학자들은 신경망, 자동 기계 이론, 인공지능 연구에 대한 의견을 나누었다. 이 프로젝트는 인공지능 분야 최초의 학술적인 연구로 여겨진다(닉 보스트롬, 2017). 인공지능이라는 용어가 처음 문서에 등장한 것은 1955년이지만 인공지능의 큰 줄기인 머신 러닝, 딥 러닝의 기초 개념은 그 이전부터 나타나기 시작했다.

신경생리학자 워런 매컬러(Warren McCulloch)와 수

학자 월터 피츠(Walter Pitts)는 1943년 "신경 활동에서의 관념의 논리적 미적분(A Logical Calculus of the Ideas Immanent in Nervous Activity)"이라는 논문에서 하나의 뉴런이 여러 시냅스로부터 신호를 받아 이진 신호(Binary Signals)를 출력하는 이진 뉴런 신경망 모델을 발표했다(매컬러-피츠 모델). 이 모델은 단순한 신경망이 뉴런을 흉내 내어 논리 연산을 수행할 수 있음을 보여주었는데, 이는 머신 러닝의 방법론 중 하나인 인공 신경망의 기초 개념을 보여주는 것이었다.

캐나다의 신경심리학자 도널드 헵(Donald Hebb)은 1949년에 저서인 『행동의 조직(The Organization of Behavior: A Neuropsychological Theory)』에서 두 뉴런 간의 시냅스 연결의 강도는 뉴런 간의 연결 활동이 빈번할 때 강해지고, 소강상태일 때 약해진다는 것을 관찰해 학습과 기억이 시냅스의 연결 활동이라는 헵 이론을 발표했다(Sarah Ferguson, 2024). 학습이 뉴런 시냅스 연결의 강도 조정과 관련이 있다는 개념은 훗날 인공 신경망의 가중치로 구현되어 딥 러닝 신경망에서 최적의 가중치를 조정하는 알고리즘의 창출에 아이디어를 제공한 것으로 평가된다(박재천, 2024).

매컬러-피츠 모델과 헵 이론은 프랑크 로젠블랫

(Frank Rosenblatt)의 퍼셉트론(Perceptron) 모델 개발로 이어졌다. 1957년 미국의 신경심리학자 로젠블랫은 N개의 노드로부터 입력 받은 값에 가중치(weight)를 곱하고 편향(bias)을 더한 후 활성화 함수(Activation Function: 뉴런의 입력 신호의 총합을 비선형적으로 변환해 최종 출력을 결정하는 함수)를 통과시켜 임곗값이나 함수에 따라 0 또는 1로 출력해 이진 분류를 수행하는 퍼셉트론 알고리즘(Perceptron Algorithm) 방식을 고안했다. 이는 인간 뇌의 뉴런이 작동하고 학습하는 방식을 기계적으로 모방하는 최초의 인공 신경망 모델이라 할 수 있다. 1958년 7월 13일자 ≪뉴욕 타임즈≫가 "전자 '두뇌'가 스스로를 가르치다(Electronic 'Brain' Teaches Itself)"라는 제목으로 "해군은 지난 주 퍼셉트론이라는 전자 컴퓨터의 배아를 시연했는데 약 1년 후에 완성되면 인간의 훈련이나 제어 없이 주변을 인지(perceive), 인식(recognize), 식별(identify)할 수 있는 최초의 무생물 기계가 될 것으로 기대된다"는 기사를 냈고, 당시 사람들은 인지능력을 가진 기계가 곧 등장할 것이라는 기대를 갖게 되었다.

하지만 민스키와 시무어 페퍼트(Seymour Papert)가 1969년 저서 『퍼셉트론: 전산기하학 입문(Perceptrons:

An Introduction to Computational Geometry)』을 통해 단층 퍼셉트론 모델은 XOR(Exclusive OR: 입력값 두 개가 서로 다른 값을 가진 경우 출력값이 1이 되는 것) 같은 비선형 문제를 해결할 수 없다는 것을 수학적으로 증명했고, 이에 미국 국방고등연구계획국(Defense Advanced Research Projects Agency, DARPA)이 연구 자금을 끊는 등 인공지능의 연구가 중단되어 첫 번째 인공지능의 겨울이 시작되었다.

1980년대 들어 특정 전문 분야의 지식 베이스 시스템(Knowledge base)을 구축하고, 여기에 추론 엔진(Inference Engine) 기능을 부가해 논리적 추론을 수행하는 '전문가 시스템(Expert System)'이 도입되면서 인공지능 연구가 다시 확산되었다. 그러나 전문가 시스템은 사람인 전문가가 입력한 사건과 규칙에 기반해서만 작동한다는 근본적인 한계를 극복하지 못했고, 이에 인공지능은 두 번째 겨울을 겪게 되었다.

하지만 1970~1990년대에도 다층 신경망(Multilayer Neural Networks)과 오차 역전파(backpropagation: 신경망에서 출력값과 실젯값 사이의 차이를 계산하고, 오차를 줄이기 위해 출력부터 시작해 역순으로 가중치를 조절) 등의 알고리즘 개선은 계속되었고, 선형 회귀(Linear

Regression), 로지스틱 회귀(Logistic Regression), 결정 트리(Decision Tree), 나이브 베이즈(Naive Bayes), 서포트 벡터머신(SVM, Support Vector Machine), 랜덤 포레스트(Random Forest), K-최근접 이웃(K-NN, K-Nearest Neighbors) 등 머신 러닝 방법론은 많은 연구자들에 의해 계속 체계화되었다.

1986년 제프리 힌턴(Geoffrey Hinton), 데이비드 루멜하트(David Rumelhart), 로널드 윌리엄스(Ronald Williams)는 "오차 역전파를 통한 표현 학습(Learning representations by back-propagating errors)"이라는 짧은 논문에서 인공 신경망을 여러 겹 쌓은 다층 퍼셉트론(Multi-Layer Perceptrons)에 오차 역전파 알고리즘을 적용함으로써 신경망을 최적화할 수 있음을 보여주었다. 이를 계기로 인공 신경망 연구가 활발해지는 듯했지만 은닉층이 늘어나면서 학습 과정과 결과에 이상이 생긴다는 문제가 발생했다(김지현, 2024). 연구를 계속한 힌턴은 2006년 기념비적인 논문 '심층 신뢰 신경망을 위한 빠른 학습 알고리즘(A fast learning algorithm for deep belief nets)'에서 "심층 신뢰 신경망(Deep Belief Network, DBN)"을 제시했다. 이는 층층이 쌓아 올린 RBM(Restricted Boltzmann Machine)을 먼저 비지도 학습으로 훈련한 후 전체 네트워크를 미세 조정하는 방식으로 다층 퍼셉트론의 학습 속도와 효율성을 크게 높인 것이었다. 힌턴이 나중에 밝혔듯이 오차 역전파가 가져온 장점 중 하나인 '인간의 개입 없이 입력을 출력에서 재구성해 데이터의 숨겨진 패턴이나 그룹을 발견하는 능력인 비지도 학습을 수행할 수 있는 점'이 구현된 것으로(Parasvil Patel, 2023), 이는 인간이 입력한 지식 기반으로 작동하던 인공지능 시대에서 기계가 인간의 개입 없이 스스로 규칙을 찾아 학습하는 인공지능 시대로 옮겨 가는 것을 의미했다.

딥 러닝은 심층 신경망(Deep Neural Network, DNN)을 사용해 복잡한 데이터 특성을 스스로 학습하고 추출한다. 여러 층(Layer)으로 이루어진 심층 신경망은 이전 층의 출력을 입력으로 받아 특정한 변환을 수행한 후 이를 그 다음 층으로 전달한다. 이 변환 과정은 뉴런 간의 연결선에 할당되는 학습 가능한 파라미터(Learnable Parameter: 뉴런이 학습 과정에서 데이터로부터 자동으로 최적화해 얻는 가중치와 편향 등을 포함한 모델의 내부 변수)들과 활성화 함수로 이뤄지며, 이 파라미터 값을 적절히 설정하는 것이 학습의 핵심이다(윤철희, 2024).

심층 신경망의 대표적 모델로는, 모든 뉴런이 이전 층의 모든 뉴런과 연결된 기본 신경망 구조인 '완전 연결 신경망(Fully-Connected Network)', 컨볼루션 레이어(Convolutional Layer)를 통해서 필터를 사용해 특징을 학습하고 풀링 레이어(Pooling Layer)로 크기를 줄이는 방식으로 이미지 처리에 적합한 '합성곱 신경망(Convolutional Neural Network, CNN)', 이전 입력의 정보를 기억해 현재 출력에 반영하는 방식으로 문장, 음성 같은 연속된 데이터 처리에 강한 '순환 신경망(Recurrent Neural Network, RNN)', 스킵 연결(Skip Connection)을 통해 입력을 출력에 직접 더해 주는 방식으로 복잡한 이미지 분류 작업에 사용되는 '잔차 신경망(Residual Network)', 두 개의 신경망(생성자와 판별자)이 서로 경쟁하며 학습하는 구조를 가진 '생성적 적대 신경망(Generative Adversarial Network, GAN)', 대규모 언어 모델(LLM, Large Language Model : 인터넷에서 자연어를 수집해 인공 신경망으로 처리하는 모델로, 대규모 데이터 세트에서 얻은 지식을 기반으로 텍스트와 다양한 콘텐츠를 인식하고 요약, 번역, 예측, 생성할 수 있는 알고리즘)의 기초가 되는 '트랜스포머(Transformer)' 등이 있다.

그중에서 2017년 "Attention is All You Need"라는 논문에서 발표된 트랜스포머는 자연어 처리 분야에서 처음 제안된 모델로, 여러 개의 인코더(Encoder, 언어를 부호로 변환) 및/또는 디코더(Decoder, 부호를 언어로 변환)로 이뤄진 구조에 어텐션 메커니즘(Attention Mechanism)을 적용한 것으로, 오늘날 텍스트 기반의 생성형 인공지능은 대부분 트랜스포머 모델을 이용한다. 트랜스포머의 인코더만을 사용하는 BERT(Bidirectional Encoder Representations from Transformers, 2018년 10월 구글 발표)는 텍스트 분석 · 요약에, 트랜스포머의 디코더만을 사용하는 GPT(Generative Pre-trained Transformer, 2018년 10월 OpenAI 발표)는 새로운 텍스트를 생성하는 데 더 유리하다(조헌국, 2023).

2019년 2월 GPT-2, 2020년 5월 GPT-3, 2022년 1월 InstructGPT가 순차로 공개되었다. 실제 명령이나 지시가 가능한 InstructGPT를 발전시킨 GPT-3.5를 기반으로 개발된 것이 2022년 11월 발표된 챗GPT다. 챗GPT는 LLM을 기반으로 하는 대화 전문 인공지능 챗봇(chatbot)으로, 거대한 양의 텍스트, 데이터, 정보, 코드와 인터넷 자료들을 사전 학습했고, 자연어 처리 방식으로 인간과 더 가까운 패턴으로 응답하고 수행한다

(OpenAI, 2024). 챗GPT는 명칭에서 알 수 있듯, 대화형(chatting) 인공지능과 생성형(generative) 인공지능의 특징을 가진 것이다(이영호 · 김한성, 2023). 챗GPT가 기존의 GPT, BERT 등과 비교할 때 가진 가장 큰 특징은 인간에 의해 주어진 보상을 통해 모델을 수정하는 인간 피드백을 통한 강화 학습(Reinforcement Learning by Human Feedback, RLHF) 방식을 택했다는 점이다.

챗GPT 이후 생성형 인공지능 시대가 도래했다. 구글은 2021년 5월 대화형 AI에 초점을 둔 람다(LaMDA, Language Model for Dialogue Applications)를, 2023년 2월 람다를 기반한 바드(Bard)를 각 출시했다. 2023년 3월 출시된 GPT-4는 대형 멀티모달 모델(large multi-modal model)로서 이미지를 프롬프트에 입력하는 것이 가능하고, 텍스트와 사진이 포함된 문서, 다이어그램, 스크린샷을 비롯한 다양한 영역에서 텍스트 전용 입력에서와 비슷한 성능을 발휘한다(OpenAI, 2023). 2023년 7월 앤트로픽(Anthropic)이 안전하고 윤리적인 대화형 AI에 중점을 둔 클로드-2(Claude 2)를, 2023년 12월 구글은 대형 멀티모달 모델인 제미나이(Gemini)를 출시했다. 2024년 2월 오픈에이아이(OpenAI)는 텍스트로 비디오를 생성하는 소라(Sora)를 발표했다. 2024년 6월 앤트로픽은 추론 및 분석 능력을 개선한 클로드-3.5 소넷(Claude-3.5 Sonnet)을, 2024년 7월 메타(Meta)는 라마 3.1(Llama 3.1)을 발표했다. 오픈에이아이는 2024년 7월 18일 비용 효율적 소형 모델인 GPT-4o mini를, 2024년 9월 12일 수학과 코딩에 특화된 OpenAI o1-mini를 출시했다(OpenAI, 2024). 2025년 1월 항저우 딥시크 인공지능 유한회사(Hangzhou DeepSeek Artificial Intelligence Co., Ltd.)가 발표한 DeekSeek R1은 저비용으로 고성능 대규모 언어 모델을 구현한 것으로 알려져 있다(deepseek, 2025).

인공지능 교육

인공지능의 역사적 발전 과정을 통해 우리는 기술이 가져온 혁신적 변화를 확인할 수 있다. 1943년 제안된 인공 신경망 개념 이래 인공지능은 연구자들의 끊임없는 열정으로 두 번의 인공지능 겨울을 극복하고 눈부신 발전을 이뤘다. 초기의 전문가 시스템에서 시작해 기계학습, 딥 러닝으로 이어지는 기술의 진보는 인공지능의 가능성을 크게 확장했으며, 최근의 생성형 인공지능은 우리의 일상 속으로 스며들고 있다.

이러한 기술의 발전은 교육 분야에도 새로운 패러다

임을 요구하고 있다. 인공지능은 더 이상 단순한 학습 대상이 아닌, 교육 혁신의 동력이자 미래 교육의 핵심 요소가 되었다. 이에 인공지능 교육은 학생뿐 아니라 모든 국민이 갖춰야 할 기본 소양으로 다룰 필요가 있다.

인공지능 교육은 두 가지 의미를 내포한다. '교육 수단으로서의 인공지능'과 '교육 대상으로서의 인공지능'이 그것이다.

첫째, '교육 수단으로서의 인공지능'은 인공지능을 교육에 활용하는 것을 말한다. 교육 분야의 인공지능의 활용은 학습자 영역, 교사 영역, 시스템 영역의 세 가지 범주로 구분될 수 있다(Baker et al., 2019).

학습자 영역에서는 주로 '지능형 튜터링 시스템(intelligent tutoring systems)' 등으로 불리며 개인화된 학습 경험을 제공할 수 있다. 각 학생의 학습 속도, 성취도, 성향 등을 분석해 맞춤형 학습 콘텐츠를 제공한다. 실시간으로 학습 진행 상황을 모니터링하고 즉각적인 피드백을 제공하며 학습자간 협업을 촉진해 학습 효과를 높일 수 있다. 학생들의 학습 패턴을 분석해 학습 과정상 어려움을 조기에 발견하고 적절한 보완 학습을 제공할 수 있다.

교사 영역에서 인공지능은 교사의 업무 효율성을 높

이고 교육의 질을 향상시키는 데 도움을 준다. 인공지능은 수업 자료 준비, 학생 성과 분석, 과제 평가 등 특히 반복적인 업무를 자동화함으로써 교사가 학생 생활 관리, 대면 접촉을 통한 친밀감 형성 등 가치 있는 교육 활동에 집중할 수 있게 한다. 또한 학생 개개인 데이터를 기반으로 한 학생 분석을 통해 각 학생의 학습 상황을 더 정확하게 파악함으로써 교수 활동 설계에 도움을 줄 수 있다. 수업 설계와 진행에서도 인공지능은 다양한 교수학습 방법과 자료를 추천하고, 학생들의 반응을 실시간으로 분석해 수업의 효과성을 높일 수 있다.

시스템 영역에서 인공지능은 학교나 교육 시스템 관리자가 내리는 결정을 돕거나 이에 필요한 정보를 제공해 학교 운영의 효율성과 투명성을 높이는 데 기여한다. 인공지능은 교육 과정 관리, 학생 출결 관리, 시간표 편성 등 다양한 행정 업무를 자동화하고 최적화할 수 있다. 또한 빅데이터 분석을 통한 교육 정책 수립에 도움을 준다.

둘째, '교육 대상으로서의 인공지능'은 '인공지능 리터러시 교육'과, 인공지능 기술을 선도할 전문가 양성을 위한 '전문가 교육'이라는 두 가지 관점에서 살펴볼 수 있다.

인공지능 리터러시 교육은 일반 시민들이 인공지능 기술을 이해하고 활용할 수 있는 기본적인 소양을 기르는 것을 목표로 한다. 여기에는 인공지능의 정의, 유형, 작동 원리, 그리고 주요 기술에 대한 기초적인 이해와 윤리적 활용 능력을 기르는 것을 포함한다. 개인 정보 보호, 데이터 프라이버시, 알고리즘 편향성 등 다양한 윤리적 쟁점들이 포함된다. 또한 인공지능 기술을 실생활에서 활용할 수 있는 능력을 기르는 것도 중요하다. 인공지능 도구와 서비스를 효과적으로 활용하고, 인공지능과 협업할 수 있는 능력을 의미한다.

전문가 교육은 인공지능 기술의 개발과 응용을 주도할 수 있는 고급 인력을 양성하는 데 중점을 둔다. 이는 심층적인 기술 교육과 함께 실제 문제 해결 능력을 배양하는 과정을 포함하며, 주로 대학이나 전문 교육 기관에서 이뤄질 수 있다.

미래 사회에서 인공지능의 영향력은 더욱 확대될 것이며, 이에 따라 인공지능 교육의 중요성도 커질 것이다. 인공지능 교육은 단순한 지식 전달이나 기술 교육을 넘어 논리적 사고력, 문제 해결 능력, 창의성, 협업 능력 등 미래 핵심 역량을 함께 키워 나가는 방향으로 나아가야 한다. 또한 인공지능이 가져올 사회적 변화와 윤리적 문제에 대한 깊이 있는 성찰도 포함해야 한다.

참고문헌

김범주(2024). AI 디지털교과서의 법적 성격과 입법 과제. 국회입법조사처.

김지현(2024.3.15). [All Around AI 1편] AI의 시작과 발전 과정, 미래 전망. SK hynix. https://news.skhynix.co.kr/post/all-around-ai-1

박재천(2024.8.8). 박재천의 디지털경제 이야기 〈30〉 신경망 모델 (4) 헤브의 연결주의. 국가미래연구원. https://www.ifs.or.kr/bbs/board.php?bo_table=News&wr_id=54330

보스트롬, 닉(2017). 『슈퍼인텔리전스』. 까치글방.

윤철희(2024.8.28). [All Around AI 4편] 딥 러닝의 이해. SK hynix. https://news.skhynix.co.kr/post/all-around-ai-4

이영호 · 김한성(2023). 초 · 중등교육 내 생성형 인공지능 도입을 위한 법률적 이슈 탐색 ㅡ 디지털 기반 교육 혁신 방안 정책을 중심으로 ㅡ. 《컴퓨터교육학회 논문지》, 26(5), 129-138쪽.

조헌국(2023). 텍스트 기반 생성형 인공지능의 이해와 과학교육에서의 활용에 대한 논의. 《한국과학교육학회》, 43(3), 307-319쪽.

Baker, T. et al.(2019). Educ-AI-tion rebooted? Exploring the future of artificial intelligence in schools and colleges. Nesta. https://www.nesta.org.uk/report/education-rebooted/

Deepseek(2025). DeepSeek-R1. https://github.com/deepseek-ai/DeepSeek-R1

Ferguson, S.(2024). Donald Olding Hebb. CAN-ACN.

https://can-acn.org/donald-olding-hebb/
McCarthy, J. et al.(2006). A Proposal for the Dartmouth Summer Research Project on Artificial Intelligence, August 31, 1955. *AI Magazine*, 27(4), p.12.
https://ojs.aaai.org/aimagazine/index.php/aimagazine/article/view/1904
OpenAI(2023). GPT-4.
https://openai.com/index/gpt-4-research
OpenAI(2024). GPT-4 Technical Report. arXiv, arXiv:2303.08774. https://arxiv.org/abs/2303.08774
OpenAI(2024.9.12). OpenAI o1-mini.
https://openai.com/index/openai-o1-mini-advancing-cost-efficient-reasoning/
Patel, P.(2023.8.31). Geoffrey Hinton on the algorithm powering modern AI. Radical Ventures.
https://radical.vc/geoffrey-hinton-on-the-algorithm-powering-modern-ai/
The New York Times(1958.6.13). Electronic 'Brain' Teaches Itself.
https://www.nytimes.com/1958/07/13/archives/electronic-brain-teaches-itself.html

02
인공지능 교육 관련 세계적 규율 현황

유네스코는 교육의 형평성과 품질을 강조하며 여러 가이드라인을 발표했고, 미국은 연방정부가 각 주의 자율적 정책을 지원한다. 일본은 정부 주도로 인공지능 리터러시 교육을 전 연령층에 실시하며 생성형 인공지능 활용 지침을 발표했고, 중국은 의무적 교원 연수와 인공지능 전문 인력을 양성하고 있다. 각국은 공통적으로 인공지능 윤리 가이드라인, 기본 원리 교육, 교원 양성 등에 주력한다. 인공지능 교육이 국가 경쟁력의 핵심 요소로 부상하고 있는 만큼 국제 사회는 교육 형평성과 포용적 성장을 위한 공조 노력을 지속해야 한다.

AI와 MBTI?

인공지능이 교육 현장에 급속도로 보급되는 가운데 전 세계는 이를 효과적으로 활용하고 규제하기 위한 다양한 노력을 기울이고 있다. 고소득 국가에서는 현재 중등학교 학생의 3분의 2 이상이 학업에 생성형 인공지능을 사용하고 있으며, 교사는 수업 준비와 채점 등에 도움을 받는다. 인공지능이 이전에 교육 관계자들이 직접 하던 일들을 대신하거나 도와주면서 교육 현장을 변화시키고 있는 것이다. 인공지능을 교육에 적용함에 있어 유네스코와 같은 국제기구는 권고나 지침을 통해 인공지능 교육의 기준을 각국에 제시해 정상화를 도모하려 하고 있고, 각국은 자국의 현황에 맞는 인공지능을 교육에 도입하고 있다. 이에 관한 규율 현황을 살펴보면 다음과 같다.

UNESCO

유네스코(유엔교육과학문화기구, The United Nations Educational, Scientific and Cultural Organization) 헌장은 '인류의 교육은 인간의 존엄에 불가결한 것이며, 또한 모든 국민이 상호 원조와 상호 관심의 정신으로서 완수해야 할 신성한 의무', '교육의 기회가 모든 사람에게 충분하고 평등하게 주'어져야 한다고 명시하고 있다. 개별 국가나 사회의 인공지능 기술 보급의 정도, 인프라 및 재정 현황 등 환경과 여건에 따라 인공지능 교육 현황에 차이가 있겠지만 이 정신은 인공지능 교육에서 여전히 지향해야 할 가치라 할 수 있다.

유네스코는 2019년 5월 '인공지능과 교육에 관한 베이징 합의(Beijing Consensus on Artificial Intelligence and Education)'를 채택했다. 이는 유네스코가 제시한 2030년까지 이뤄야 할 17개의 지속 가능 발전 목표(Sustainable Development Goals, SDGs) 중 빈곤 해소를 목표로 한 '교육 2030 의제(Education 2030 Agenda)'에서 밝힌 인공지능 기술의 잠재력을 최대한 활용하는 방법에 관한 지침과 권고를 제안한 것이다. 베이징 합의는 '각국 정부가 교육 정책 부문의 인공지능 계획, 교육 관리 및 제공, 교수 및 교사 역량 강화, 학습 평가, 인공지능 시대에 필요한 가치와 기술 개발, 평생 학습, 교육에서 인공지능의 공평하고 포용적인 사용 촉진, 성평등, 교육 데이터의 윤리적 사용, 모니터링, 평가 및 연구, 그리고 재정 및 국제 협력에서 조치를 취할 것'을 권고했다(UNESCO. 2019). 동 합의는 세계적 차원에서 처음으로 인공지능 교육에 관한 가이드라인을 선언한 것으로, AI 시대의 교육 혁신을 위한 최초의 국제적 지침이라는 데

의의를 둘 수 있다.

2021년 유네스코는 '인공지능과 교육: 정책 입안자를 위한 지침(AI and education: Guidance for policy-makers)'을 발표했다. 동 지침은 정책 입안자들이 현지 상황에 맞는 정책과 프로그램을 기획할 수 있도록 돕는 구체적인 권고 사항으로, '제도적 차원의 비전 및 전략적 우선순위 수립', '인공지능 교육 정책 수립 시 인본주의 접근 방식 최우선 원칙', '다양한 전문 지식을 이용한 정책 기획, 부문 간 거버넌스 구축 및 조정 기구 설치', '인공지능의 공정 · 포용적 · 윤리적 이용을 위한 정책 · 규제 마련', '교육 관리, 교수 · 학습, 평가를 위한 인공지능 활용 기본 계획 수립', '시범 테스트, 모니터링 및 평가, 증거 기반 구축', 현지 상황에 맞는 인공지능 교육 혁신 기반 조성'을 권고했다. 동 지침은 베이징 합의를 기반으로 교육에 인공지능을 지원하는 정책 입안자 양성을 목표로, SDG4[2015년 유엔에서 채택된 17개 지속 가능 발전 목표 중 네 번째인 '양질의 교육'(Quality education)]의 발전을 가속화할 수 있는 기술로서의 인공지능 가능성을 제안한 것이라 할 수 있다(UNESCO, 2021).

유네스코는 2021년에 K-12(유치원을 포함해 고등학교까지의 12년 교육 과정)에서의 인공지능 교육 과정 지침 개발을 위한 프로젝트를 시작했다. 이 프로젝트에 따라 유네스코는 2022년 2월 'K-12 AI 교육 과정: 정부 지원 AI 인공지능 매핑(K-12 AI curricula : A mapping of government-endorsed AI curricula)' 보고서를 발표했다. 많은 나라에서 인공지능을 교육에 활용하는 것에 대해 논의가 있었으나, 동 보고서가 밝힌 각국 설문 조사에 의하면 실제로 인공지능 교육 과정을 승인 · 개발해 온 국가는 우리나라를 포함해 11개 국가뿐인 것으로 나타났다. 동 보고서는 인공지능 교육 과정을 3개의 주 영역(인공지능 기초, 인공지능 윤리 및 사회적 영향, 인공지능 이해 · 활용 · 개발) 및 9개의 세부 영역(알고리즘과 프로그래밍, 데이터 문해력, 맥락적 문제 해결, 인공지능 윤리, 인공지능 사회적 함의, ICT 외의 분야에 대한 인공지능 적용, 인공지능 기법의 이해와 활용, 인공지능 기술의 이해와 활용, 인공지능 기술 개발)으로 구분해 세부 영역당 '교육 과정 할당 비중 및 시간'을 조사하고, '인공지능 교육 과정의 학습 성과'를 분석했다. 동 보고서는 K-12 인공지능 교육 과정이 인공지능 기본 이론에 충실해야 하고, 플랫폼이나 브랜드에 구애 받아서는 안 되며 특히 교육 분야 인공지능은 기술 개발에 더 창의적일 것과 맥락적 윤리에 중점을 둬야 한다고 권고했다(Ryzhi,

2022). 동 보고서는 K-12 인공지능 교육 과정의 세계적 현황에 관한 첫 보고서로서, 특히 11개국의 정부 승인 AI 교육 과정을 체계적으로 비교 · 분석해 AI 교육의 국제적 표준화와 발전 방향을 제시했다는 데 중요한 의미가 있다.

2023년 7월 유네스코가 발간한 '생성형 인공지능과 미래 교육'은 인공지능 기술을 각국의 상황에 맞게 시급히 학습 시스템에 통합시켜야 한다고 했다. 같은 해 5월 유네스코가 450개 이상의 학교를 대상으로 한 글로벌 조사에서 10% 미만의 학교만이 생성형 인공지능 이용에 관한 공식 지침을 갖고 있는 것으로 나타났다. 교육 부문 인공지능에서는, 인공지능 개발 회사가 설정한 규제에 의존해서는 안 되며, 정부 차원에서 기술을 규제할 것을 권고했다. 특히 생성형 인공지능이 교사의 지위와 학교의 필요성을 약화시키고, 교육 자동화를 가속화시켜, 선생님 없는 교육, 학교 없는 교육에 이를 수 있음을 경고했다.

유네스코는 2023년 9월 '교육 및 연구를 위한 생성형 인공지능에 관한 지침(Guidance for generative AI in education and research)'에서 교육 기관이 '양질의 교육, 사회적 형평성, 포용성'을 보장하기 위해 채택할 8가지 방법(포용성, 형평성, 언어 및 문화 다양성 증진, 인간 주체성 보호, 교육 부문 생성형 인공지능에 대한 모니터링 및 검증 등)을 제시했다(UNESCO, 2023). 이는 교육 분야에서 생성형 인공지능을 이용하는 것에 대한 최초의 국제적 지침이라는 데 의의가 있다(Madeleine North, 2023).

미국

인공지능기술 자체는 물론 챗GPT와 같은 생성형 인공지능을 선도하는 미국은 교육부가 2023년 '인공지능 권리 장전'을 발표하는 등 인공지능을 활용한 맞춤형 학습과 형평성을 강조했다. 미국은 연방 및 주 차원에서 인공지능 교육 정책을 시행하면서 인공지능의 책임 있는 도입과 윤리적 활용, 인공지능 리터러시에도 중점을 둬 왔다(한선관, 2024).

2023년 10월 30일 바이든 대통령은 「안전하고 보안성이 높으며 신뢰할 수 있는 AI 개발 및 사용에 대한 행정명령(Executive Order 14110; Executive Order on Safe, Secure, and Trustworthy Development and Use of Artificial Intelligence)」에 서명했다(Federal Register, 2023). 이에 따라 미국 교육부는 최고 인공지능 책임자

(Chief AI officer, CAIO)를 임명했다. 이 행정 명령은 맞춤형 개인 교습 등 인공지능이 지원하는 교육 도구를 구현하는 데 도움이 되는 자원 발굴, 인공지능 생성 콘텐츠 여부를 확인할 수 있는 콘텐츠 인증 및 워터마킹을 위한 지침 수립, 아동의 데이터 프라이버시를 보호하는 입법을 의회에 촉구하는 내용이 담겨 있다. 이는 인공지능에 관한 미국 최초의 법적 규제 장치다(Anna Merod, 2023).

미국 캘리포니아 주는 2024년 9월 인공지능의 규제 및 사용과 관련한 18개의 법률을 제정했다(Dan Jasnow, 2024). 그중 교육과 관련된 것으로, 2024년 법률 제893호(상원 법률안 제1288호, Senate Bill No. 1288)는 교육감이 공립학교에서 인공지능과 관련된 특정 목적을 위해 지정된 구성원들로 이루어진 실무진을 구성할 것, 동 실무진은 2026년 1월 1일까지 공립학교 등에 관한 인공지능의 안전한 사용에 대한 지침을 개발해야 하며, 2026년 7월 1일까지 안전하고 효과적인 인공지능 모델 정책을 개발할 것, 2027년 1월 1일까지 해당 법안의 적절한 정책 및 재정위원회에 연구 결과와 권고 사항을 보고할 것을 규정했다(California Legislative Information, 2024).

또한 2024년 법률 제927호(하원 법률안 제2876호,

Assembly bill No.2876)는 '인공지능 리터러시'를 '인공지능의 원리, 개념, 응용 프로그램을 포함해 인공지능이 작동하는 방식과 관련된 지식, 기술 및 태도와 인공지능의 한계, 의미, 윤리적 고려 사항을 포함해 인공지능을 사용하는 방법'으로 정의하고, 교육 과정에 인공지능 리터러시를 추가할 것을 고려할 것과 교육 자료 채택 시 인공지능 리터러시를 평가 기준에 포함시킬 것을 요구했다(California Legislative Information, 2024).

캘리포니아 주는 인공지능 교육에 관한 구체적인 시행 일정과 실무진 구성을 법률로 명시해 실효성 있는 정책 수립이 기대되며, 특히 인공지능 리터러시에 대한 명확한 정의와 교육 과정 반영 계획을 수립하고 있다. 이는 인공지능 교육에서 인공지능 리터러시의 중요성이 점차 부각되고 있다는 점에서 참고할 만하다.

일본

일본은 2019년 3월 '인간 중심의 AI 사회 원칙'과 'AI 전략 2019'를 발표했다. 여기서 밝힌 7가지 AI 사회 원칙 중 '교육, 리터러시 원칙'은, '양극화 및 약자가 발생하지 않도록 유아, 초·중등, 사회인, 고령자 등 교육에서 폭넓은 리터러시 교육', '리터러시 교육으로 누구나 AI, 수리, 데이터 과학 교육을 받을 수 있도록 함', 'AI를 통해 대화식 교육 환경 및 배우는 자와 상호 연계할 수 있는 환경을 구축', '이러한 교육 환경 정비는 행정 당국, 학교, 민간, 시민이 주체적으로 참여'한다는 내용을 담고 있다.

'인간 중심의 AI 사회 원칙' 실현을 위한 'AI 전략 2019'에서 가장 중점을 둔 부분이 인공지능 인재 육성과 확보다. 수리, 데이터 과학, 인공지능을 국민 모두가 갖춰야 할 소양으로 보고 모든 고등학생에게 과학, 수학, 데이터 과학, 인공지능을 가르치며, 특히 '정보I'을 필수과목으로 편입해 문·이과 구분 없이 대학 입시에 반영할 계획을 세웠다는 점이 특징이라고 할 수 있다. 일본은 동 계획을 통해 인공지능을 단순한 기술 이상의 교육 단계부터 체계적으로 대응해야 할 국가적 과제로 보고 국가 전략 차원에서 다뤘다고 볼 수 있다(유재흥, 2019).

2019년 12월 일본은 초·중·고등학교에 학생 1인당 1대의 ICT 단말기 보급과 초고속 대용량 통신 네트워크 구축 등을 주요 내용으로 한 'GIGA(Global and Innovation Gateway for All) 스쿨 구상'을 발표해 지역 간 정보통신 교육 환경 격차를 최소화하고 학생들의 디지털 역량을 강화하기 위한 물적 기초를 도모했다.

2022년 11월 챗GPT가 발표된 이후 일본도 이에 대응해 2023년 7월 '초 · 중등 교육 단계에서의 생성형 AI 활용에 관한 잠정 가이드라인'을 발표했는데, 초 · 중 · 고등학교에서 챗GPT와 같은 생성형 인공지능을 제한적으로 사용하는 것을 허용하면서도 개인 정보 보호, 저작권 침해, 정보 보안 등에 관한 내용을 담고 있다(Kyodo News, 2023).

2024년 12월에는 "초 · 중등 교육 단계에서의 생성형 AI 활용에 관한 잠정 가이드라인 2.0'을 공개했다. 이는 2023년 7월의 '초 · 중등 교육 단계에서의 생성형 AI 활용에 관한 잠정 가이드라인'의 개정판이라 할 수 있다. 동 가이드라인은 생성형 인공지능을 활용해 학생들은 개개인 수준에 맞는 학습에 도움을 받고 개인별 관심에 맞는 예문 작성 등 학업을 돕는 도구로, 교직원은 수업 자료 작성, 시험 문안 초안 작성 등에서 활용해 효율을 높이는 도구로 생성형 인공지능을 적극적으로 이용할 수 있음을 밝혔다. 동시에 생성형 AI 결과물을 자신의 성과물로 대체한다든지, 감성과 독창성이 필요한 상황에서 사용한다든지, 교과서 등 기초 자료를 탐색하기 이전에 생성형 AI를 이용한다든지 하는 부정적 이용 사례를 제시했다. 이 외에 정보 보안 조치, 개인 정보 · 프라이버시 · 저작권 보호, 정보 역량 차이에 따른 형평성 확보,

부적절한 이용 방지를 위한 투명성 확보와 사용자 책임 명시 등에 유의하도록 권고하고 있다(정은수, 2025).

중국

중국은 2017년 고등학교에 IT 교육 과정을 도입하면서 학생들이 인공지능의 개념과 작동 원리를 이해하고 이와 관련된 사회적 이슈를 이해하는 것을 목표로 했다. '인공지능의 기초'와 '데이터 관리 및 분석' 같은 과정이 위 교육 과정에 포함되었으며, 전국 225000개 학교에서 1억 8천만 명 이상의 학생들에게 적용되었다(Ronit Halstuch, 2024). 2018년에는 대학 인공지능 분야의 혁신 시스템 최적화 등을 목표로 대학 인공지능 개발을 추진하는 '고등 교육 기관 인공지능 혁신 실천 계획'을 출범시킨 바 있다(한국유네스코, 2022). 2024년에는 AI 교육 발전을 촉진하기 위해 184개의 초 · 중등학교를 인공지능 교육 거점으로 선정해 인공지능 교육을 더욱 확대했다. 교사들의 역량을 강화하기 위해 국가 수준의 교사 연수 프로그램을 운영하고 있으며, 모든 교사는 3년에 한 번 이상 의무적으로 참여해야 한다. 학교와 교사들은 교실에서 사용할 기술을 자유롭게 선택할 수 있어, 학생들이 다양한 도구와 응용 프로그램을 경험할 수 있도록 보장하고 있다(Ronit Halstuch, 2024).

인공지능 교육에 관한 범세계적 현황

유네스코의 범세계적 권고 · 지침을 참고해 세계 각국은 각자의 여건과 환경에 맞는 인공지능 교육 정책을 추진하고 있다.

유네스코의 권고 · 지침은 일종의 장려책(incentive mechanism)으로, 법적 구속력을 기대할 수 없다는 근본적인 한계를 갖는다. 중국, 이란 등 일부 회원국에서는 인권 문제 등 여러 가지 이유로 실제 이행을 기대하기 어렵다. 다른 한편으로는 미국(2018년 탈퇴, 2023년 재가입)과 같은 주요 국가가 정치적 · 산업적 이해관계에 따라 탈퇴하는 경우 범세계적 규범력이 약화될 수 있다는 한계가 있다. 그럼에도 불구하고 유네스코의 권고 · 지침 등은 194개 정회원국이 승인했다는 분명한 상징성과 가장 포괄적인 범위에서 각국의 상황에 맞는 규제 프레임워크의 도입 기준을 실무적으로 제시하고 있고, 각국의 이행 상황을 모니터링 할 수 있다는 특징을 갖는다.

미국은 인공지능 교육을 위한 통일된 국가 교육 과정을 보유하고 있지는 않지만 연방정부 차원의 행정 명령을 통해 인공지능 교육의 법적 기반을 마련했다고 할 수 있다. 미국의 국가 기관은 각 주와 학교들이 특성과 여건에 맞게 유연하게 대응할 수 있는 인공지능 교육 프로그램을 개발하는 데 도움이 되는 정책을 펼치고 있다 (Ronit Halstuch, 2024).

일본은 2019년 '인간 중심의 AI 사회 원칙'에서부터 2024년 '초 · 중등 교육에서 생성형 AI 활용에 관한 지침 2.0'에 이르기까지 범국가 전략적 차원에서 교육에 인공지능을 능동적으로 활용하는 기조를 일관되게 유지하고 있다. 특히 인공지능 리터러시의 중요성을 인식하고 유아에서 고령자까지 전 연령층을 대상으로 한 인공지능 리터러시 교육에 중점을 둬 문 · 이과 구분 없는 보편적 인공지능 교육을 추진하고, GIGA 스쿨 구상을 통한 물적 인프라 구축을 체계적으로 병행한다. 또한 생성형 인공지능의 부작용을 최대한 억제하면서 그 유용성을 최대한 활용하는 정책을 추진하고 있다.

중국은 각 성(省)이 정부 주도의 인공지능 교육 지침을 따르되 각 성의 가용 자원, 교육적 필요성 등에 따라 실행 방식을 조정할 수 있도록 하고 있으나 기본적으로는 정부 지침상의 인공지능 교육 과정을 의무로 하고 있는 점을 특징으로 한다(Ronit Halstuch, 2024).

종합하면, 미국은 연방정부가 각 주의 자율적인 인공

지능 교육 정책을 지원하는 자율형 접근방식을, 일본은 정부 주도의 단계적 접근 방식을, 중국은 교원 연수 의무화 등 하향식 접근 방식을 취하고 있다고 할 수 있다. 각국의 상황에 따라 다르기는 하지만 대체로 인공지능 교육에 관한 윤리적 가이드라인과 책임 있는 인공지능 사용에 관한 기준 정립, 인공지능 기본 원리 교육 및 인공지능 활용 능력 배양, 인공지능 교육을 수행할 교원 양성 및 교원 역할 재정립, 교육용 인공지능 도구 개발 지원 등을 정책 방향으로 하고 있다고 볼 수 있다.

인공지능 기술은 교육 분야에 혁신적인 변화를 가져오고 있다. 특히 학생 개개인에게 최적화된 학습 환경을 제공하고, 교원의 교수 방식을 효율화할 수 있는 강력한 도구로 주목받고 있으며, 이러한 인공지능 기반 교육은 앞으로 더욱 가속화될 전망이다.

4차 산업혁명의 핵심 기술인 인공지능을 기반으로 하는 인공지능 교육은 국가 경쟁력과 밀접한 관련이 있다. 특히 개인 단말기 보급률이 높고, 유무선 인터넷 인프라가 잘 구축되어 있으며, 민간과 정부 차원에서 정보통신기술(ICT)을 확보한 국가들이 인공지능 교육에서도 유리한 위치를 선점하고 있다. 이러한 교육적 우위는 단기적인 학습 성취도 향상에 그치지 않고, 장기적으로 국가의 산업 생태계와 경제 성장 동력을 좌우하는 결정적 요인으로 작용할 것이다.

그러나 이러한 발전 양상은 국가 간 디지털 격차를 더욱 심화시킬 수 있다는 우려를 동반한다. 탄탄한 정보 기술 기반을 갖춘 선진국들이 혁신적인 인공지능 교육 정책을 적극 추진하는 동안, 디지털 인프라가 미흡한 개발도상국들은 이러한 흐름에서 소외될 위험에 처해 있다. 이는 기존의 사회경제적 불평등을 증폭시키고, 글로벌 교육 격차를 더욱 확대하는 결과를 초래할 수 있다.

이러한 문제의식에 기반해 유네스코 등 국제 사회는 인공지능 교육으로 인한 불평등 심화를 방지하고, 오히려 이를 교육 접근성과 형평성을 높이는 촉매제로 활용하기 위한 다각적인 노력을 전개하고 있다. 인공지능 교육에 관한 국제 표준과 윤리적 가이드라인을 지속적으로 개발하고, 정기적인 모니터링과 평가를 통해 정책적 방향성을 제시하며, 국제 협력 네트워크를 통해 기술과 지식의 공유 노력을 계속하고 있다.

이와 같은 국제 사회의 공조 노력은 인공지능 교육이 새로운 불평등의 원천이 아닌, 기존의 교육 격차를 해소하는 혁신적 도구로 자리매김하는 데 필수적인 토대가 될 것이다. 궁극적으로 인공지능 교육의 혜택이 모든 국가와 지역 사회에 고르게 분배될 때, 진정한 의미의 교육 형평성과 포용적 성장이 실현될 수 있을 것이다.

참고문헌

유재홍(2019.6.18). 일본의 인공지능 전략 동향 : AI 전략 2019. 소프트웨어정책연구소. https://spri.kr/posts/view/22689?code=data_all&study_type=industry_trend

정은수(2025.1.18). [해외 교육소식] 일본 문부성, 생성형 AI 활용 지침 개정…"유용한 도구" 강조. ≪더에듀≫. https://www.te.co.kr/news/article.html?no=25128

한선관(2024). 미국의 인공지능 활용 교육의 현황과 시사점. ≪행복한 교육≫, 겨울호.

한국유네스코(2022). 『인공지능과 교육; 정책입안자를 위한 지침』.

California Legislative Information(2024a). AB-2876 Pupil instruction: media literacy: artificial intelligence literacy: curriculum frameworks: instructional materials. https://leginfo.legislature.ca.gov/faces/billNavClient.xhtml?bill_id=202320240AB2876

California Legislative Information(2024b). SB-1288 Public schools: artificial intelligence working group. https://leginfo.legislature.ca.gov/faces/billNavClient.xhtml?bill_id=202320240SB1288

Federal Register(2023). Safe, Secure, and Trustworthy Development and Use of Artificial Intelligence. https://www.federalregister.gov/documents/2023/11/01/2023-24283/safe-secure-and-trustworthy-development-a

nd-use-of-artificial-intelligence
Halstuch, R.(2024). Literature Review on AI Education Programs and Guidelines from Leading Countries and International Organizations. The Eddie and Jules Trump Family Foundation.
Jasnow, D.(2024.10.1). California Governor Signs 18 AI Bills into Law. The national law review.
https://natlawreview.com/article/california-governor-signs-18-ai-bills-law
Kyodo News(2019.7.4). Japan publishes guidelines allowing limited use of AI in schools.
https://english.kyodonews.net/news/2023/07/ac1ce46ce503-japan-publishes-guidelines-allowing-limited-use-of-ai-in-schools.html
Merod, A.(2023.10.31). Here's what Biden's AI executive order could mean for schools. K-12DRIVE.
https://www.k12dive.com/news/AI-executive-order-Biden-schools/698296/
North, M.(2023.9.27). Generative AI has disrupted education. Here's how it can be used for good - UNESCO. World Economic Forum.
https://www.weforum.org/stories/2023/09/generative-ai-education-unesco
Ryzhi(2022.2.23). UNESCO releases report on the mapping of K-12 Artificial Intelligence curricula. UNESCO.
https://www.unesco.org/en/articles/unesco-releases-report-mapping-k-12-artificial-intelligence-curricula
UNESCO(2019). Beijing consensus on artifcial intelligence and education.

UNESCO(2021). AI and education: Guidance for policy-makers.
UNESCO(2023). Guidance for generative AI in education and research.

03
우리나라의 인공지능 교육 정책 현황

1990년대 후반 이러닝의 등장을 시작으로, 교육 환경은 시공간적 제약을 넘어 더욱 접근성 높은 형태로 진화해 왔다. 2007년 디지털교과서 상용화 방안이 발표된 이후, 2018년부터 디지털교과서가 본격적으로 도입되었다. 교육부는 2023년 인공지능 디지털교과서 추진 방안을 발표해 2025년 도입을 목표로 했다. 세계 최초로 공교육에 인공지능 디지털교과서를 도입하려는 이 정책은 맞춤형 학습 지원이라는 장점과 함께 학생 정보 보호, 디지털 과몰입, 문해력 저하 등의 우려가 공존한다.

AI와 난임 극복?

이러닝, 스마트 러닝 교육 정책

1990년대 후반 컴퓨터 및 인터넷의 급속한 보급으로 온라인 학습이 확산되었고, 1999년 11월 디즈니월드에서 열린 테크런 컨퍼런스(TechLearn Conference)에서 미국의 엘리엇 매시(Elliott Masie)가 이러닝이라는 말을 처음으로 전문적인 맥락에서 사용했다(Beedeez, 2022). 이러닝은 정보통신기술을 활용해 학습자가 시간과 장소에 구애받지 않고 교육을 받을 수 있는 학습 방식으로 전자(electronic)와 학습(learning)이 합쳐진 '전자 학습'으로 불리기도 한다(한국정보통신기술협회 정보통신용어사전).

우리나라에서도 1990년대 후반부터 전자교과서, e-교과서 등에 대한 연구 개발이 진행되었다. 2002년 4월 23일 교육인적자원부는 '전자교과서 개발 보급을 위한 중 · 장기 계획'에서 교육 인적 자원 정책 추진 계획 및 공교육 내실화 추진 실천 계획의 일환으로 디지털교과서 제도의 도입 방안을 검토했다. 온 · 오프라인으로 학교 · 가정에서 시 · 공간 제약 없는 디지털 학습, 디지털 이용 문화 확산 등을 목표했다. 2007년 3월 교육인적자원부는 '디지털교과서 상용화 추진 방안'을 발표한 이후 디지털교과서 사업을 국책으로 추진했다(한국교육 과정

평가원, 2014). 교육인적자원부는 '교과서 내용을 디지털화해 전자 매체에 수록한 뒤 유·무선 정보통신망을 이용해 그 내용을 읽고, 보고, 들을 수 있도록 한 교과서'를 '디지털교과서'라고 칭하면서 멀티미디어 요소로 표현된 교과 내용과 참고서, 문제집, 학습 사전, 공책 등의 기능을 하나로 묶은 디지털교과서 상용화 개발에 본격 착수한다고 밝혔다.

2007년 6월 29일 미국에서 아이폰이 첫 출시되었고, 2년 반이 지난 2009년 11월 28일 한국에 첫선을 보였다. 이후 아이폰을 위시한 스마트폰뿐 아니라 태블릿, E-book 단말기 등이 광범위하게 보급되면서 이들 디바이스를 수단으로 한 이러닝이 확산되었고, 이를 따로 스마트 러닝(Smart Learning)이라고 부르게 되었다. 이에 스마트 러닝을 교육에 정보통신기술을 접목한 지능화된 교육 시스템. 스마트폰, 스마트 패드, 스마트 TV 등 스마트 기기를 이용해 시간과 장소에 구애받지 않고 인터넷에 접속해 교육을 받을 수 있는 교육 시스템으로 정의하기도 한다(한국정보통신기술협회, 정보통신용어사전).

이러닝과 스마트 러닝 모두 유·무선 인터넷에 개인용 컴퓨터, 스마트폰, 태블릿, E-book 단말기 등을 결합.

해 학습자와 교습자 간 시간적 · 공간적 제약을 허물었다는 데 큰 의미가 있다('언제 어디서나 가능한 학습').

휴대용 단말기를 이용한 스마트 러닝 보급에 발맞춰 2011년 6월 교육과학기술부는, 2012년부터 2015년까지 단계적으로 디지털교과서와 서책교과서 병행, 다양한 스마트 기기에서 구현 가능한 디지털교과서 구현, 연구학교 운영, 법 제도 정비를 통한 디지털교과서 활용 기반 조성 등을 내용으로 하는 '스마트교육 추진 전략'을 발표했다. 2011년 10월 '스마트교육 추진 전략 실행 계획'으로 디지털교과서를 서책형교과서와 병행 추진할 것(교육과학기술부, 2011), 2012년 2월에는 약 128억 원 규모의 '스마트교육 추진 특별 교부금 교부 계획(교육과학기술부, 2012. 2b)'을 발표했다. 교육과학기술부는 2012년 8월 '초 · 중등학교 교과용도서 국 · 검 · 인정 구분 고시(제2012-17호)'를 제정해 디지털교과서를 교과서에 포함시킴으로써 디지털교과서에 '교과용도서'로서의 법적 지위를 부여했다(한국교육 과정평가원, 2014).

이후 2015 개정 교육 과정이 적용되면서 디지털교과서가 일반 학교에 확대되었고, 2018년부터는 전국 초 · 중 · 고등학교에서 사회, 과학, 영어 과목에서 서책교과서와 함께 디지털교과서가 사용되기에 이르렀다(이재진, 2024).

에듀테크 교육 정책

2016년 1월 스위스 다보스에서 열린 세계경제포럼에서 클라우스 슈밥 의장이 '4차 산업혁명'이라는 용어를 사용해 전 세계적으로 이슈가 되었다. 이는 인공지능, 사물인터넷, 빅데이터, 로봇 공학 등 첨단 기술이 융합되어 물리적, 디지털적, 생물학적 경계가 허물어지는 변화를 말한다(World Economic Forum, 2025). 4차 산업혁명이라 불리는 위 첨단 기술들은 교육 부문에도 접목되기 시작하면서 본격적인 에듀테크 시장이 열렸다.

인공지능, 빅데이터(Bigdata), 그리고 증강현실(AR, Augmented Reality), 가상현실(VR, Virtual Reality), 사물인터넷(IoT, Internet of Things), 블록체인(Blockchain), 게이미피케이션(Gamification) 등 첨단 기술을 이용한 에듀테크는 공간적 · 시간적 제약을 탈피함을 넘어 위 각 기술을 운용하는 소프트웨어와 빅데이터를 이용해 학습자 개개인의 환경, 학습 능력, 학습 수준에 맞춘 초개인화 맞춤별 교육을 쌍방향으로 제공할 수 있다는 데 큰 의미가 있었다.

즉 '이러닝'과 '스마트 러닝'이 '언제 어디서나 가능한 학습'을 가능하게 한다면 '에듀테크'는 '언제 어디서나+학습자 개인 맞춤별 쌍방향 교육'을 가능하게 하는 것이라 할 수 있다.

2016년 3월 9~15일 서울에서 열린 이세돌과 구글 딥마인드(DeepMind)의 인공지능 알파고(AlphaGo)의 바둑 대결은 인공지능 기술에 대한 대중의 관심을 폭발적으로 증가시켰다. 이에 우리 정부도 처음으로 인공지능 정책을 공식 언급하기에 이르러 박근혜 정부는 2016년 3월 17일 지능 정보사회 민관합동 간담회를 열어 '지능 정보산업 발전전략'을 제시했다(연합뉴스, 2016).

이후 문재인 정부의 과학기술정보통신부는 2018년 5월 'I-Korea 4.0 실현을 위한 인공지능 R&D 전략'을 발표했고, 이는 세계적 수준의 AI 기술 확보, 인공지능 우수 인재 양성·확보, 개방 협력형 연구기반 조성을 중점 추진과제로 했다(과학기술정보통신부, 2018). 2019년 12월에는 'AI 반도체 세계 1위, 전국 단위 AI 거점화 등 생태계 조성, 전 생애·모든 직군에 걸친 AI 교육 실시 및 세계 최고의 AI 인재 양성, 전자 정부를 차세대 지능형 정부로 대전환, AI 윤리 정립 등'을 실행 과제로 하는 '인공지능 국가전략'(관계부처 합동)을 발표했다. 이 중 인공지능 교육과 관련된 내용은 '모든 연령·직군에 걸쳐 전 국민이 기초 역량을 습득할 수 있는 교육 체계 구축', '초 · 중 · 고 학생의 컴퓨팅 사고력(computational thinking) 강화를 위해 SW · AI 학습 기회를 대폭 확대'하겠다는 밑그림을 밝히는 정도였다(관계 부처 합동, 2019).

2020년 11월 발표한 '인공지능 시대 교육 정책 방향과 핵심 과제'(관계 부처 합동)에서는 '감성적 창조, 초개인화 학습 환경, 따뜻한 지능화'의 3가지 비전과 방향을 제시하며 '유아 수준 인공지능 관련 교육 및 콘텐츠 개발, 방과 후 학교 수준별 AI · 컴퓨터 등 수업 개설 확대 독려, 인공지능 기초 · 인공지능 수학 과목 도입, 인공지능 교육 관련 교수 · 학습 자료 개발 · 보급, 온라인 AI 교육 플랫폼 구축, AI 등 융합형 · 프로젝트형 수업 확대'라는 향후 추진 일정과 2025년 'AI 교육 콘텐츠'를 구현한다는 청사진을 밝혔는데, 이때 '인공지능을 활용한 개인별 맞춤형 교육', '공교육에 인공지능 도입', 'AI 교육 콘텐츠', '인공지능과 협업하는 교사' 등을 최초로 언급했다는 데 의미를 둘 수 있다(관계 부처 합동, 2020)

인공지능 교육 정책

2022년 11월 오픈에이아이는 생성형 인공지능인 챗GPT를 출시했고, 2달 만에 MAU(monthly activity user, 월간 활동 이용자수) 1억 명을 넘기는 등(김미정, 2023) 당시 큰 반향을 불러일으켰다. 챗GPT는 인공지능 기술을 대중의 생활 속으로 불러들였다는 점에서 의미가 달랐다. 그리고 생성형 인공지능의 교육 보급 가능성은 정부의 적극적인 인공지능 교육 정책을 이끌어 냈다.

2023년 2월 윤석열 정부의 교육부는 '디지털 기반 교육 혁신 방안'을 발표했다. 핵심은 인공지능 교육의 물적 기반인 '인공지능 디지털교과서 개발'과 인적 기반인 'T.O.U.C.H. 교사단(Teachers who Upgrade Class with High-tech: 교육 디지털 대전환과 학교의 변화 방향을 이해하고 디지털 기술을 기반으로 인간적 지도를 통해 수업을 혁신하는 교사 그룹) 선발 연수'로, '단 한 명도 놓치지 않는 개별 맞춤 교육'을 표방했다. 인공지능 기술을 이용한 교육을 도입해 초개인화 학습 환경(학습자 중심 맞춤형 개별화 환경)을 구축하고, 누구나 자신의 역량에 맞는 교육 목표를 자기 주도적으로 성취하게 만들겠다는 것이었다. 2025년부터 인공지능 기술을 적용한 '인공지능 디지털교과서'를 도입해 학생 맞춤형 디지털 교육을 도모한다는 것이다(교육부, 2023). 이를 위해서는 인공지능에 대한 소양, 기술 및 이해를 기초로 수업을 혁신할 교사가 필요하다. 교육부는 2023년 400명, 2024년

800명, 2025년 1500명의 T.O.U.C.H. 교사단을 선발할 예정이라고 밝혔다.

2023년 6월 교육부는 인공지능 디지털교과서 교과목 적용 일정을 보다 구체화한 'AI 디지털교과서 추진 방안(안)'을 발표해 2025년부터 수학, 영어, 정보, 국어(특수교육) 교과를 우선 도입할 것을 밝혔고, 2023년 8월에는 인공지능 디지털교과서 준수 사항, 검정 심사, 운영 및 유지 관리 사항, 품질 관리 필수 준수 사항, 권고 사항 등의 인공지능 디지털교과서 개발 기준을 정한 'AI 디지털교과서 개발 가이드라인'을 발표했다.

2023년 10월 24일에는 교과용 도서에 관한 규정(대통령령 제33829호) 제2조 제2호에서 '지능 정보화 기술을 활용한 학습 지원 소프트웨어'를 '디지털교과서'로 정의하고, '교과서'의 범위에 포함시킴으로써 인공지능 디지털교과서에 교과서로서의 법적인 지위를 명확히 부여했다.

2024년 4월에는 디지털 대전환 시대 공교육 혁신의 골든타임을 2025년으로 보고 '1학교당 2~3명의 선도 교사 양성, 인공지능 디지털교과서 담당 교원 연수 우선 지원, 우수 학교 및 교사 인센티브 제공' 등을 내용으로 하는 '디지털 기반 교육 혁신 역량 강화 지원 방안'을 발표하는 등 적극적인 정책을 펼쳐 나갔다.

발행사 및 에듀테크 업체들도 교육부 일정과 'AI 디지털교과서 개발 가이드라인'에 맞춰 인공지능 디지털교과서 개발에 적극 참여해 2024년 11월 29일 12개 출원사의 총 76종의 인공지능 디지털교과서가 검정 본 심사를 통과(교육부, 2024)해 본격적인 인공지능 디지털교과서 시대의 도래를 예고했다.

'인공지능 디지털교과서'를 '교과서'로 도입한다는 것은 '인공지능'이 일선 교육 최전선에 등장함을 의미하는 것이었다. 정부는 2025년 세계 최초로 인공지능 디지털교과서를 공교육에 도입하는 것임을 밝히며 주도적으로 정책을 추진했다. 이에 대해 학생들의 문해력 약화, 디지털 기기 과몰입, 학생 정보 보호, 교사 자율권 훼손 등 이유로 더 충분한 검토가 필요하다는 신중론도 제기되었다(서혜림, 2024).

인공지능 디지털교과서 정책에 대한 인식

2025년 현재 세계적으로 인공지능 디지털교과서가 적용된 사례는 없다. 다만 인공지능이 아닌 '디지털교과서'는 다수의 적용 사례가 존재한다.

미국 오바마 정부는 2012년 2월 연방 정부 차원에서 디지털교과서 플레이북(Digital Textbook Playbook) 합의 사항(fact sheet)을 발표해 주 정부 차원에서 디지털교과서 전환을 장려한 바 있다. 다만 민간 출판사 중심으로 개발한 디지털교과서를 학교가 자율적으로 도입하는 방식을 취했다. 2011년부터 디지털교과서 도입을 본격적으로 논의한 캐나다는 앨버타 주 등 일부 주에서 디지털교과서를 사용하고 있다. 가장 적극적으로 디지털 교육 정책을 취한 나라는 에스토니아로, 2018년부터 모든 초등학교에 디지털교과서를 무상 보급했고, 고등학생용 디지털교과서를 개발 중이다. 독일 자를란트 주는 2023년 연방 주 차원에서 디지털교과서를 도입했다(한국지능정보사회진흥원, 2024).

일본은 2017년 기준 전체 학교의 48.4%가 디지털교과서를 활용한 경험이 있고(한국교육학술정보원, 2020), 2018년 수립한 GIGA(Global and Innovation Gateway for All) School Program을 통해 2021년 현재 학생 1인당 1디바이스 정책을 거의 실현했다(International Trade Administration, 2021). 일본에서 디지털교과서는 현재 '대체교재(代替教材)'의 지위에 있는데, 2025년 1월 문부과학성은 향후 필요한 제도 개정을 거쳐 2030년까지 디지털교과서를 정식교과서로 사용 개시하는 일정을 검토했다(奧山直美, 2025).

반면 스웨덴과 핀란드는 처음에는 학교 교육에 적극적으로 디지털을 활용했으나 최근 이를 제한하는 방향으로 선회하고 있다. 스웨덴은 2017년 유치원에서부터 디지털 기기를 도입하는 등 적극적이었으나 문해력 저하 등을 이유로 2023년 서책형 수업으로 교육방침을 변경했고, 6세 미만 아동에 대해서는 디지털 학습을 완전히 중단시켰다. 핀란드는 학교의 ICT 현대화를 목표로 한 디지털 도약(digital leap) 프로그램을 2015년 시작해 2018년부터 대부분의 학교에서 디지털교과서를 사용하는 등 적극적인 정책을 추진했으나 최근 남부 리히마키(Riihimäki) 시는 학생 등을 상대로 한 설문 조사 결과를 바탕으로 2024년부터 중학생(6~9학년) 수학, 영어, 스웨덴어, 독일어 과목을 디지털교과서에서 서책형 교과서로 대체한 것으로 알려지고 있다(한국지능 정보사회 진흥원, 2024).

이와 같이 각국은 정보통신기술의 발전에 따라 교육의 디지털화를 적극적으로 추진하면서도 디지털교과서 등 디지털 교육 성과에 대한 연구 및 다양한 현장 조사 등을 바탕으로 그 범위 및 속도를 조절하고 있다.

우리나라는 디지털교과서의 경우, 2007년 처음 상용

화 방안이 발표된 이후 연구학교 등에서 시범 교육을 거친 후 11년 만인 2018년부터 초 · 중 · 고등학교에 정식으로 보급되어 사용하기 시작했다. 반면 인공지능 디지털교과서는 2023년 2월 디지털 기반 교육 혁신 방안을 통해 공식적으로 발표된 이후 불과 2년 만인 2025년에 교육 현장에 공식 도입을 추진하고 있다.

이에 너무 성급히 인공지능 디지털교과서를 도입하는 것이 아니냐는 비판도 자연스럽게 제기되었다. 2024년 7월 여론 조사에서, 인공지능 디지털교과서 도입에 '동의한다'가 30.7%, '동의하지 않는다'가 31.1%로 '동의하지 않는다'가 근소하게 높았다. 교원을 상대로 한 설문조사에서는 '동의하지 않는다'가 73.6%로 '동의한다'의 12.1%에 비해 압도적으로 많았다. 동의하지 않는 이유로, 학부모는 '디지털 과몰입', '문해력 저하'가 많았고, 교원들은 '학습 효과성 의문', '디지털 기기 과의존 우려'가 순서대로 많았다(한병규, 2024).

여론 조사를 통해 나타난 디지털교과서 도입에 반대하는 의견 및 이유를 경청해야 한다. 또한 해외 사례로, 디지털 기기가 학업 성취, 주의력 등에 부정적 영향을 미친다는 연구 결과를 기초로 2020년대 초부터 프랑스, 네덜란드가 교내 수업에서 디지털 기기(핸드폰, 스마트 태블릿, 스마트 워치 등) 활용 중단 정책을 추진(한국지능정보사회진흥원, 2024)하고 있는 점도 참고할 필요가 있다.

우리나라에서 실제 디지털교과서 운용 경험을 바탕으로 초 · 중 · 고교생과 교사 등을 대상으로 한 2019년 설문 조사에 따르면, 학생들은 디지털교과서 사용에 대해 긍정 81.3%, 부정 3.7%으로 긍정 의견이 압도적으로 높았다. 반대 이유로는 '디지털교과서를 사용하는 방법이 어렵다'가 21.9%로 가장 높게 나타났다.

교사를 상대로 한 인식 조사에서는, 디지털교과서에 대해 긍정이 76.5%, 부정이 23.4%로 나타나 긍정적 답변이 대부분이었다. 디지털교과서 활용 목적에서는, '동영상, 실감형 콘텐츠 등을 이용한 학생들의 흥미 유발'이 62.3%, 디지털교과서를 활용했을 때 가장 효과적이라고 생각하는 수업 장면은 '학습 내용 설명'이 31.2%로, 가장 높았다.

학부모들은 학교에서의 디지털교과서 활용에 대해 긍정 78.6%, 부정 21.4%으로 역시 긍정이 훨씬 높게 나타났다. 학부모들은 초 · 중 · 고등학교 모두 '디지털교과서 적용 교과를 더 다양하게 넓혀야 한다'는 응답이 가장 많았다. 향후 디지털교과서 개발 시 확대를 원하는 기능으로는 '어려워하는 부분에 대한 복습이 가능하도록 하는 기능'이 58.6%로 가장 높았다. 디지털교과서 활용을 반대하는 학부모들은 '디지털교과서 활용으로 인터넷 중독 등 역기능이 우려된다'(71.6%)를 가장 많이 꼽았다.

대국민 인식 조사에서도 초·중·고등학교 디지털교과서 사용에 대해 찬성이 51.9%로, 반대 40.8%보다 높았다. 찬성 이유로는 동영상, 소리 등 다양한 학습 자료를 포함시킬 수 있기 때문에(42.7%), 학생들이 흥미를 가지고 수업에 즐겁게 참여할 수 있기 때문에(22.2%) 등이, 반대 이유로는 인터넷 중독, 게임 중독 등 우려(37.3%), 학생 건강에 안 좋은 영향(30.1%) 등으로 나타났다(한국교육학술정보원, 2020).

2019년의 이 설문 조사는 디지털교과서를 실제로 운용한 경험을 바탕으로 학생·교사·학부모 등을 상대로 조사했다는 점에서 큰 의미가 있다. 우리나라는 2011년 이후 연구학교, 희망 학교에서 디지털교과서를 시범적으로 운용해 왔으며, 2018년부터 전국 초·중·고등학교 사회, 과학, 영어 과목에서 디지털교과서를 병행 사용해 왔다. 조사 결과, 디지털교과서를 실제 사용한 학생들의 80% 이상, 교사와 학부모의 75% 이상이 긍정적인 반응을 보였다. 이는 일반 국민들의 인식을 능가하는 것이다.

'인공지능 디지털교과서'도 디지털교과서다. 실제로 '교과용 도서에 관한 규정'(대통령령 제33829호)도 '인공지능 디지털교과서'를 의미하는 '지능 정보화 기술을 활용한 학습 지원 소프트웨어'를 '디지털교과서'로 정의하고 있다. 우리는 이미 디지털교과서 실사용 경험 및 그에 관한 연구 조사 결과를 갖고 있고, 이를 인공지능 디지털교과서 정책 도입 과정에도 잘 활용할 필요가 있다. 인공지능 디지털교과서는 기존 디지털교과서에 최신 인공지능 기술을 도입해 고도화한 디지털교과서이기 때문이다. 따라서 인공지능 디지털교과서가 기존 디지털교과서와 어떤 점에서 차별점이 있는 것인지를 명확히 해, 한편으로는 기존 디지털교과서 운용 경험에서 확인한 소중한 경험을 활용해 그 장단점을 발전 · 보완시키고, 한편으로는 인공지능 기술 도입에 따르는 문제점들을 방지 및 해소하는 방향으로 논의를 전개해 나가야 할 것이다.

인공지능 디지털교과서가 기존 디지털교과서와 다른 핵심적인 부분은, '인공지능이 학생들의 인적정보 및 학습 과정을 수집 · 분석 · 진단해, 교사에게는 수업 설계와 맞춤 처방을 지원(AI 보조 교사)하고, 학생들에게는 맞춤형 학습 지원(AI 튜터)을 한다'는 것이다. 이 과정에서 나타나는 인공지능 교육 고유의 문제점으로는 학생 개인 정보 보호 및 프라이버시 문제, 학습 데이터 수집 · 이용 과정에서 발생하는 저작권 침해 문제, 할루시네이션(hallucination: 인공지능 모델이 정확하지 않거나 사실이 아닌 정보를 생성하는 것) 문제, 인공지능 교육 재정 확보 문제 등을 고려할 수 있을 것이다. 이외의 기존 문제들, 즉, 디지털 과몰입 문제, 문해력 저하 문제, 학생 건강 문제 등은 2015년 연구학교 대상 조사 결과, 학생들의 스마트기기 중독 수준이 11.3%로, 2014년 청소년 인터넷 중독 비율(29.2%)보다 낮게 나타났고 매년 연구학교를 대상으로 효과성 검증 연구를 실시한 결과, 디지털교과서는 학생들의 문제 해결력, 자기 주도적 학습 능력, 의사소통 능력 향상 등에 효과가 있는 것으로 나타나는 등(연합뉴스, 2016) 일반의 우려와는 다른 조사 결과가 나오기도 했다. 이는 인공지능 디지털교과서가 아니더라도 보완 · 개선의 노력을 이어 가야 하는 문제이다. 한편 기존 디지털교과서에 관해 학생들이 원했던 '움직이고 조작해 볼 수 있는 실감형 콘텐츠가 더 많았으면 좋겠다'라는 의견, 학부모들이 확대 적용을 요청해 온 '어려워하는 부분에 대한 복습이 가능하도록 하는 기능' 등(한국교육학술정보원, 2020)은 오히려 인공지능 디지털교과서가 잘 할 수 있는 부분이기도 하다.

이와 같이 인공지능 디지털교과서에 대해서는 흑백 논리가 아닌, 기존 디지털교과서의 장단점을 명확히 이해 및 보완하고, 인공지능 디지털교과서 고유의 문제점을 해소하는 데 노력하는 것이 필요하다.

오늘날 우리는 인공지능 기술을 외면할 수도, 인공지능 기술을 교육에 활용하는 것도 피할 수 없다. 한국이 인공지능 디지털교과서를 반드시 세계 최초로 도입해야 할 이유가 없듯이, 인공지능에 대한 막연한 불안감으로 인공지능 디지털교과서를 부정적으로 대할 이유도 없다. 중요한 것은 인공지능 디지털교과서 등을 이용한 인공지능 교육을 통해 학생들이 얼마나 자기 주도적 성취를 이룰 수 있고 실질적인 교육 평등의 수혜를 누릴 수 있느냐다. 이를 정책 판단의 기준으로 삼아야 한다.

참고문헌

과학기술정보통신부(2018). 『I-Korea 4.0 실현을 위한 인공지능 R&D 전략』.

관계부처합동(2019). 인공지능국가전략.

관계부처합동(2020). 인공지능 시대 교육 정책 방향과 핵심과제.

교육과학기술(2011). 스마트교육 추진 전략 실행계획.
교육부(2023). 디지털 기반 교육 혁신 방안.
교육부(2024.11.29). 2025년, 교실에서 마주할 인공지능(AI) 디지털교과서, 모두를 위한 맞춤 교육을 실현. 교육부 보도자료.
김미정(2023.2.3). 챗GPT, 두 달 만에 월 사용자 1억명 돌파…틱톡보다 빨랐다. ≪지디넷코리아≫. https://zdnet.co.kr/view/?no=20230203153950
서혜림(2024.8.25). AI디지털교과서 도입 찬반논쟁… "맞춤교육" vs "인지발달 저해". ≪연합뉴스≫. https://www.yna.co.kr/view/AKR20240823108800530
연합뉴스(2016.3.17). 朴대통령 "AI 능동적 대응해야"…민간전문가와 머리 맞대. https://www.yna.co.kr/view/AKR20160317090300001
연합뉴스(2016.7.17). 교실에도 증강현실…디지털교과서 2018년 초·중 전면 도입. https://www.yna.co.kr/view/AKR20160715151600004
이재진(2024). AI 디지털교과서. 행정안전부 국가기록원. https://www.archives.go.kr/next/newsearch/listSubjectDescription.do?id=010817&pageFlag=&sitePage=
한국교육과정평가원(2014). 『디지털교과서 활용을 위한 교수·학습 지원 방안 연구』.
한국교육학술정보원(2020). 『디지털교과서 현황 분석 및 향후 추진 방안 연구』.
한국정보통신기술협회(n.d.). 정보통신용어사전. https://terms.tta.or.kr/main.do
한국지능정보사회진흥원(2024). 데이터로 살펴본 디지털 교육 혁신 현황-AI 디지털교과서를 중심으로. ≪Data Brief≫, 2024-3.
한병규(2024.8.8). AIDT 도입 동의' 교사 12%, 학부모 30%. ≪한국교육신문≫.

www.hangyo.com/news/article.html?no=102319
奥山直美(2025.1.23).
デジタル教科書を正式な教科書へ、扱い見直し検討…文科省. ReseEd.
https://reseed.resemom.jp/article/2025/01/23/10183.html
Beedeez(2022). E-Learning: The Ultimate Guide.
https://www.beedeez.com/en/ultimate-guides/e-learning
International Trade Administration(2021.7.21). Japan: Giga ipdate(Edtech).
https://www.trade.gov/market-intelligence/japan-giga-update-edtech
World Economic Forum(2025). The Fourth Industrial Revolution, by Klaus Schwab.
https://www.weforum.org/about/the-fourth-industrial-revolution-by-klaus-schwab/

04
에듀테크와 인공지능 교육

디지털 전환이 가속화되면서 에듀테크와 인공지능 기술이 교육 분야에서 급속히 확대되고 있다. 세계 에듀테크 시장은 2025년까지 4,040억 달러 규모로 성장할 전망으로, 한국도 2025년 도입 예정인 인공지능 디지털교과서 등을 통해 국가적 차원에서 추진되고 있다. 그러나 현행법상 이러한 발전을 뒷받침할 법 제도적 장치는 미흡한 상황이다. 에듀테크와 인공지능 교육의 성공적 안착을 위해 데이터 활용, 콘텐츠 품질 관리, 공공-민간 협력의 통합적인 법적 기반 마련이 필요하다.

AI와 사주?

에듀테크 산업과 정책

디지털 전환(Digital Transformation)이 가속화되면서 교육 분야에서도 에듀테크와 인공지능 기술의 활용이 급속히 확대되고 있다. COVID-19 팬데믹은 이러한 추세를 더욱 가속화했으며, 적응형 학습(Adaptive Learning), 학습 분석(Learning Analytics), 지능형 튜터링 시스템(Intelligent Tutoring System), 원격 교육(Distance Education) 등 다양한 에듀테크 솔루션이 교육 현장에 도입되고 있다. 한국에서도 2023년 교육부의 '디지털 기반 교육 혁신 방안'과 2025년 도입 예정인 인공지능 디지털 교과서 등을 통해 인공지능 기술과 에듀테크의 교육적 활용이 국가적 차원에서 추진되고 있다.

에듀테크(EduTech)는 교육(Education)과 기술(Technology)의 합성어로, 교육에 ICT 기술을 접목해 기존 서비스를 개선한 새로운 서비스를 제공하거나 또는 교육 서비스를 개선해 새로운 가치를 제공하는 데 활용되는 기술을 의미한다(공영일, 2020). 이전의 이러닝과 스마트 러닝(Smart Learning)이 주로 교육 콘텐츠의 전달에 초점을 맞추었다면, 최근의 에듀테크는 인공지능, 빅데이터, 메타버스, 블록체인 등 첨단 기술을 활용한 개인화된 학습 경험과 혁신적인 교육 모델을 제공하는 방향으로 발전하고 있다.

세계 에듀테크 시장 규모는 2019년에서 2025년까지 2.5배 성장해 총 지출 규모가 4,040억 달러에 이를 것으로 예상되며(HolonIQ, 2020), 한국의 에듀테크 시장 매출액은 2021년 약 7조 3,250억 원에서 연평균 8.5% 성장해 2025년 약 10조 원을 기록할 전망이다(한국교육학술정보원, 2023).

에듀테크는 교육과 기술의 융합을 통해 혁신적인 학습 경험을 제공한다. 학습자의 흥미와 참여도를 높이는 게이미피케이션(Gamification) 요소, 실시간으로 피드백을 주고받는 쌍방향 소통 체계, 그리고 인공지능 기반 학습 분석을 통한 개인화된 학습에서 유리한 교육 환경을 제공한다. 각국 정부와 교육 기관들은 에듀테크를 공교육 시스템에 통합하고, 디지털 리터러시 향상을 위한 커리큘럼을 개발하며, 소외 계층을 위한 디지털 접근성 강화 정책을 추진하고 있다. 이에 에듀테크 글로벌 시장도 확산 일로에 있고, 우리 정부도 이를 교육에 활용하기 위해 적용 범위를 넓혀가는 방향으로 정책을 추진해 왔다.

정부는 2022년 8월 '2022년부터 2026년까지 총 100만 디지털 인재 양성' 및 '전 국민의 디지털 교육 기회 확대 및 역량 강화'를 목표로 하는 '디지털 인재양성 종합 방안'을 마련한 바 있다. 학습 빅데이터와 AI를 맞춤형 학습 지원에 활용하는 'AI 학습 튜터링(AI 보조 교사) 시스템' 개발, 디지털 콘텐츠(AR, VR 등 실감형 콘텐츠) 개발 · 보급 확대, 디지털교과서 개발 · 보급 등을 일부 내용으로 했다(관계 부처 합동, 2022).

2023년 2월에는 '모두를 위한 맞춤 교육'을 비전으로 '인공지능 디지털교과서 개발', 'T.O.U.C.H. 교사단 선발 및 연수', '디지털 선도 학교 운영' 등을 주요 내용으로 하는 디지털 기반 교육 혁신 방안을 발표했다. 특히 2025년부터 세계 최초로 인공지능 디지털교과서를 공교육에 전면 도입할 것을 천명했다.

2023년 9월에는 본격적인 '에듀테크 진흥 방안'을 발표했다. 동 방안에서 정부는 '모든 교사가 에듀테크를 활용해 학생 맞춤 교육을 실현'하는 것을 비전으로 공교육과 에듀테크가 함께 발전하는 선순환 생태계를 구축하기 위한 '학교 현장의 에듀테크 활성화, 에듀테크 산업 육성, K-에듀테크 수출 활성화'를 추진 전략으로 했다. 이는 위의 '디지털 기반 교육 혁신 방안' 중 공교육에 도입되는 인공지능 디지털교과서 개발 · 보급에 필수적인 에듀테크 산업을 구체적으로 지원하기 위한 시책이라고 할 수 있다.

에듀테크 관련 법제 현황

에듀테크 산업은 우리나라에서도 성장 산업이지만 특히 디지털 기반 교육 혁신 방안에 따라 인공지능 디지털교과서를 세계 최초로 공교육에 도입하려 하는 만큼 에듀테크 관련 산업은 더욱 성장할 수밖에 없는 상황이다. 인공지능 디지털교과서 자체가 에듀테크를 전제하므로 에듀테크 산업에 대한 제도적·법적 뒷받침은 필수적이라고 할 수 있다. 그러나 에듀테크 산업 진흥, 전문 인력 양성, 에듀테크 기술 개발 및 기술 표준 정립, 세제 지원, 데이터 프라이버시 보호, 디지털 콘텐츠의 품질 관리, 에듀테크 기업과 교육 기관 간의 협력 체계 구축 등 이러한 급속한 발전을 뒷받침할 법적, 제도적 장치는 여전히 미흡한 상황이다.

우리나라 법률 중 이에 관해 직접적으로 이를 규율하는 법은 현재 「이러닝(전자 학습) 산업 발전 및 이러닝 활용 촉진에 관한 법률」, 「디지털 기반의 원격 교육 활성화 기본법」이라고 할 수 있다. 인터넷과 데스크탑의 보급으로 1990년대 말부터 이러닝이 확산되면서 인터넷을 이용한 전자 학습 진흥을 위한 법제 마련이 요청되어, 2004년 1월 29일 법률 제7137호로 「이러닝(전자 학습) 산업 발전법」이 제정되었다. 이 법은 2011년 7월 25일 「이러닝(전자 학습) 산업 발전 및 이러닝 활용 촉진에 관한 법률」(이하 「이러닝 산업법」)로 제명이 바뀌었는데, 동 법은, '이러닝'을 '전자적 수단, 정보통신, 전파, 방송, 인공지능, 가상현실 및 증강현실 관련 기술을 활용해 이루어지는 학습'으로(제2조 1호), '이러닝 콘텐츠'를 '전자적 방식으로 처리된 부호 · 문자 · 도형 · 색채 · 음성 · 음향 · 이미지 · 영상 등 이러닝과 관련된 정보나 자료'로 각 정의하고(2호), 이러닝 전문 인력 양성, 기술 개발 지원, 개인 · 기업 · 지역 · 교육 기관에 대한 이러닝 지원에 관해 필요한 시책을 마련할 것 등을 정하고 있다.

2019년 COVID-19 확산으로 공교육을 원격 교육으로 시행할 수밖에 없던 당시 급박한 상황에서 원격 교육의 체계적 운영 및 양과 질을 보장하기 위해 2021년 9월 24일 법률 제18459호로 「디지털 기반의 원격 교육 활성화 기본법」(이하 「원격 교육법」)이 제정되었다. 동 법은 '원격 교육'을 '교육 기관이 지능 정보 기술(「지능 정보화 기본법」 제2조 제4호에 따른 지능 정보 기술)과 정보통신 매체를 이용해 시간적 · 공간적 제약에 구애받지 아니하고 실시하는 일체의 교육 활동'으로(제2조 3호), '원격 교육 콘텐츠'를 '원격 교육을 위해 사용하는 부호 · 문자 · 도형 · 색채 · 음성 · 음향 · 이미지 · 영상 및 그 복합체와 관련된 자료 또는 정보'(4호)로 각 정의하고, 원격 교육 기관의 책무 및 국가 등의 지원에 관해 정했다.

위 법률에 따르면 인공지능 디지털교과서로 이루어질 교육은 '이러닝'과 '원격 교육'에 모두 해당하고, 인공지능 디지털교과서 역시 '이러닝 콘텐츠', '원격 교육 콘텐츠'에 모두 해당한다. 그러나 「이러닝 산업법」은 1990년대 말 개인용 컴퓨터를 기반으로 하는 일방통행적 전자 교육을 정한 법으로, 현재 에듀테크로 규정되는 첨단 기술을 활용한 교육을 모두 포괄하기 어려운 점이 있고, 주로 민간의 이러닝 산업 촉진에 초점을 둔 법률이다. 「원격 교육법」은 COVID-19 팬데믹 비상 시국에서 당시 부득이했던 교육 기관의 책무 및 국가 등의 지원에 관한 사항을 정한 법으로, 공공 영역에 치중되어 있다는 한계가 있다. 이에 정부는 「이러닝 산업법」, 「원격 교육법」 등의 한계를 극복하고 에듀테크 진흥을 체계화하기 위한 「(가칭) 에듀테크 진흥법」을 마련할 계획에 있다고 발표한 바 있으나(관계 부처 합동, 2023), 아직 실행에 이르지는 못했다.

「교육기본법」 제23조는 '국가와 지방 자치 단체는 정보화교육 및 정보통신 매체를 이용한 교육을 지원하고 교육 정보 산업을 육성하는 등 교육의 정보화에 필요한 시책을 수립 · 실시해야 한다', '제1항에 따른 정보화 교육에는 정보통신 매체를 이용하는 데 필요한 타인의 명예 · 생명 · 신체 및 재산상의 위해를 방지하기 위한 법적 · 윤리적 기준에 관한 교육이 포함되어야 한다'고 규정하고, 「초 · 중등교육법」 제24조에서 학교의 장은 정보통신 매체 등을 활용한 원격 수업을 할 수 있음을 규정하고 있으며, 「고등교육법」 제22조는 '학교의 수업은 학칙으로 정하는 바에 따라… 방송 · 정보통신 매체 등을 활용한 원격 수업 및 현장 실습 수업 등의 방법으로 할 수 있다'고 규정하고 있어 에듀테크 활용의 법적 근거를 제공하고 있다고 볼 여지도 있으나, 위 법에서 정보통신 매체의 범위도 정하고 있지 아니하고, 일부는 COVID-19 팬데믹에 대응한 원격 수업의 근거를 마련하기 위한 것으로 다양한 형태의 에듀테크 교육 방식을 고려한 것으로 보기 어렵다.

한편 2025년 1월 21일 「인공지능 발전과 신뢰 기반 조성 등에 관한 기본법」(2026년 1월 22일 시행)이 제정되었으나, 동 법은 인공지능 분야에 한정된 포괄 법으로서 교육 관련 에듀테크를 주로 염두에 두고 정한 법도 아니다. 따라서 동 법은 여러 에듀테크 기술 중 인공지능 기술이 적용된 에듀테크에만 적용될 수 있을 뿐, 증강·가상현실, 사물인터넷, 블록체인 등 다른 에듀테크 기술에 직접 적용되는 데 한계가 있다. 또한 인공지능 기술이 적용된 에듀테크라 하더라도 「교육기본법」 제9조 제1항에 따른 '유아 교육·초등 교육 및 중등 교육에서의 학생 평가' 이외의 다른 교육 활동 영역, 예를 들어 교육 과정 설계, 학습 분석, 교수 학습 지원 등 다른 영역에는 고영향 인공지능에 관한 규제도 적용되지 아니하는 등 동 법은 에듀테크에 관해 협소한 범위에서 적용될 수 있을 뿐이다. 결국 우리 현행법상 에듀테크에 관한 정의, 에듀테크 산업 진흥, 기술 발전 지원 조치 등을 위한 법적 근거를 갖춘 법률이 부재한 상태인 것이다.

에듀테크 산업 지원 법제의 필요성

현재 우리나라 에듀테크 관련 법제는 기술과 교육 환경의 변화 속도를 따라가지 못하고 있는 실정이다. 전술한 바와 같이 「이러닝 산업법」은 초기 인터넷 기반 교육을 전제로 한 법률로, 양방향 소통과 인공지능 기반 개인화 학습 등 현대적 에듀테크의 특성을 충분히 반영하지 못한다. 「원격 교육법」은 팬데믹이라는 비상 상황에 대응하기 위한 법률로, 에듀테크 산업 전반을 체계적으로 지원하기 위한 종합적 법률로 보기 어렵다.

특히 우리 교육부가 적극적으로 도입을 시도하고 있는 인공지능 디지털교과서는 교육 패러다임의 혁명적 전환을 의미한다. 이는 단순히 기존 교과서의 디지털화가 아닌, 학습자 중심의 맞춤형 교육, 실시간 피드백, 데이터 기반 교육 의사 결정이 가능한 교육 생태계로의 변화를 의미한다. 그러나 이를 뒷받침할 통합적인 법적 기반이 부재한 상황에서는 다음과 같은 문제가 발생할 수 있다.

첫째, 에듀테크 관련 데이터 수집과 활용에 대한 명확한 법적 근거 부족으로 에듀테크 산업 발전과 학생 개인정보 보호 및 데이터 활용 간의 균형점을 찾기 어렵다. 학습 데이터는 학생의 학습 행동, 성취도, 선호도 등 민감한 정보를 포함하는데, 이에 대한 명확한 수집 · 처리 · 보관 · 활용 기준이 없다면 프라이버시 침해 위험과 함께 데이터 기반 에듀테크 기술 개발에도 장애가 될 수밖에 없다.

둘째, 에듀테크 콘텐츠의 품질 관리와 표준화 문제가 있다. 디지털교과서는 기존 교과서와 달리 지속적 업데

이트가 가능하고 상호작용적 요소를 포함하는데, 이에 대한 품질 기준과 인증 체계가 미비하다면 교육 격차가 심화될 우려가 있다. 다양한 에듀테크 서비스와 콘텐츠의 교육적 효과성과 품질을 보장하기 위한 제도적 장치가 필요할 것이다. 콘텐츠 인증 제도, 품질 평가 체계, 교육 과정 연계성 검증 등의 메커니즘을 마련함으로써 에듀테크 기업이 안정적으로 기술 개발에 투자할 수 있는 에듀테크 환경을 조성할 필요가 있다.

셋째, 혁신적인 교육 솔루션을 개발하는 스타트업과 기업들이 성장할 수 있는 생태계 구축이 필요하다. 법률을 통해 세제 혜택, 규제 샌드박스 운영, 재정 지원 등 에듀테크 기업들이 성장할 수 있는 제도적 지원 체계를 마련함으로써 산업 전반의 혁신을 촉진할 수 있다. 이는 궁극적으로 양질의 교육 서비스 확대로 이어질 것이다.

넷째, 공공과 민간의 역할 분담 및 협력 체계가 불명확하다. 에듀테크는 공교육 시스템과 민간 기업의 혁신 역량이 결합될 때 최대의 효과를 발휘할 수 있는데, 현행법은 이 두 영역 간의 효과적인 협력 모델을 제시하지 못하고 있다. 에듀테크 산업 발전을 위해서는 산업계, 교육계, 경제계, 연구 기관 간의 유기적인 협력이 우선되어야 한다. 법률을 통해 산학연 공동 연구 개발 프로젝트 운영, 에듀테크 전문 인력 양성 프로그램 지원, 현장 교사와 개발자 간 협업 촉진 등의 체계를 마련함으로써 지속가능한 산업 생태계를 구축할 수 있어야 한다.

이러한 문제점들을 해결하기 위해서는 (가칭) 「에듀테크 진흥법」과 같은 통합적 법률 체계가 시급히 마련되어야 한다. 이 법은 에듀테크에 대한 명확한 정의와 범위 설정, 에듀테크 기술 개발 및 산업 육성에 관한 사항, 에듀테크 기술 인증 및 지원 근거, 에듀테크 기술의 안전성 · 신뢰성 · 투명성에 관한 사항, 에듀테크 윤리가이드라인, 에듀테크 기술 개발 과정을 통해 발생하는 데이터의 표준 및 수집 · 관리 · 활용에 관한 사항, 학습자 정보보호 및 저작권 보호를 위한 사업자의 최소 조치에 관한 사항, 영향 평가, 국제 협력 및 해외 진출 지원 등에 관한 사항을 포함해야 할 것이다.

결론적으로, 인공지능 디지털교과서 도입으로 대표되는 교육의 디지털 전환은 우리 교육의 미래를 결정할 핵심 요소다. 이 전환이 성공적으로 이루어지려면 첨단 기술력만이 아닌, 이를 뒷받침할 탄탄한 법 제도 정립이 필수적이다. 에듀테크는 단순한 기술 도입이 아닌 교육 패러다임의 전환을 의미하며, 이러한 전환의 성공 여부는 우리가 얼마나 체계적이고 미래지향적인 법 제도를 구축하느냐에 달려 있다.

참고문헌

공영일(2020). 에듀테크 산업동향 및 시사점. 소프트웨어정책연구소.

관계부처 합동(2022). 디지털 인재양성 종합방안.

관계부처 합동(2023). 에듀테크 진흥방안.

한국교육학술정보원(2023). 디지털 기반 교육 혁신을 위한 에듀테크 활성화 종합방안.

HolonIQ(2020.8.6). Global EdTech market to reach $404B by 2025-16.3% CAGR. https://www.holoniq.com/notes/global-education-technology-market-to-reach-404b-by-2025

05
인공지능 교육과 헌법

생성형 인공지능의 등장으로 학생의 지위가 수동적 위치에서 주체적 지위로 고양되고 있다. 헌법 제31조 제1항이 보장하는 '능력에 따라 균등하게 교육을 받을 권리'는 학교 교육에 국한되지 않으며, 인공지능 교육에도 적용된다. 이는 단순한 소극적 권리가 아닌 국가의 적극적 의무를 수반하는 기본권이다. 따라서 인공지능 디지털교과서 도입 시 모든 학생에게 균등한 교육 기회를 보장하고 디지털 격차로 인한 교육 불평등을 방지할 국가의 헌법적 책무가 존재한다.

AI와 아이돌?

교육 패러다임의 변화

19~20세기의 산업화를 기반으로 한 국민 국가 시대는 국가에 종속된 국민 양성과 산업화에 필요한 인력 양성이라는 목표를 위해 학교 제도를 두었고, 표준화된 산업 인력 양성을 위해 국가는 모든 아동들을 국가가 관리하는 학교에서 가르치는 국민 교육 제도가 도입되었다. 위 국민 교육 제도 하에서의 교육은 국가가 직·간접적으로 학교 교육을 관리·통제하는 것을 전제했다. 이에 많은 교육학자들은 교육의 개념 역시 '학교에서 가르치는 일' 즉 교수 활동으로 보아 왔다. 그런 의미에서 기존 교육의 패러다임은 학교 패러다임(schooling paradigm) 또는 교수 패러다임(instruction paradigm)이라 할 수 있다(김신일, 2005).

20세기 후반 인터넷 기술이 발전하면서 상호 학습이 가능해지는 등 교육 환경이 크게 변화했다. 그 큰 변화는 상호 교육과 유비쿼터스 교육(Ubiquitous learning: 시간, 장소, 환경 등에 구애받지 않고 일상생활 속에서 언제, 어디서나 원하는 학습을 할 수 있는 교육)이다. 이제 국민 국가 시대의 시간적·공간적 제약으로서의 학교라는 공간을 벗어난 교육이 가능해졌다. 국가가 관리·통제하는 학교라는 제도적 공간에서의 집단적 교육이 아닌 시 · 공간 및 비용의 제약이 완화되거나 없는, 학교 수업 이외의 방법을 통한 개별화된 교육이 가능해지게 되었다. 이는 국가가 정한 내용을 '가르치는 방식'에 중점을 둔 '학교 시대'에서 '배우는 내용'에 중점을 둔 '학습 시대'로 변화하는 것이라고 볼 수 있다. 이는 '학교 패러다임'에서 '학습 패러다임'으로의 이전이라 할 수 있을 것이다(김신일, 2005).

'학교 패러다임'에서 '학습 패러다임'으로의 전이가 가능한 것은 무엇보다 기술 발전이 가져온 교육 환경의 변화에 기인한다. 교육의 자원이 되는 학습정보가 공유되고, 인터넷의 발전으로 정보 취득 비용이 0에 수렴하고 있으며, 시공간의 제약을 넘은 유무선 환경은 기존의 학교 교육에도 변화를 강제하고 있다. 2022년 11월 오픈에이아이 사의 챗GPT의 등장 이후 생성형 인공지능이 급속히 확대 · 보급되면서 학교에서조차 제한적으로나마 학생이 생성형 인공지능을 이용하는 것을 허용하는가 하면, 2023년 2월 우리나라는 생성형 인공지능을 핵심 기술 중 하나로 하는 인공지능 디지털교과서 도입을 발표하기도 했다.

이러한 변화는 교육에 임하는 학생의 지위에도 변화를 가져올 수밖에 없다. 학교 패러다임하에서 수동적 지위에 머물던 학생의 지위는 학습 패러다임 하에서 주체적 지위를 점차 고양할 수 있다. 이는 일면 기존 학교 교육의 약화를 의미하기도 한다.

헌법상 교육을 받을 권리와 인공지능 교육

헌법 제31조 제1항은 '모든 국민은 능력에 따라 균등하게 교육을 받을 권리를 가진다'고 정하고 있다. 헌법학계는 이를 '교육을 받을 권리'로 명명하며 학습권에 근거한 교육권이라는 개념을 상정하는 반면, 교육법계에서는 국민의 기본 교육권에 초점을 두고 학습권과 교육권을 연계시키고자 한다는 견해가 있다(고전, 2018).

헌법재판소는 헌법 제31조 제1항의 "교육을 받을 권리"에 대해 '학습권', '수업권'(修業權, 이상 헌법재판소 1991. 7. 22. 89헌가106), '수학권'(修學權, 참고로 '受'學權이 아닌 '修'學權임을 확인할 필요가 있다. 이는 위의 修業權도 마찬가지다), '교육기본권'(이상 헌법재판소 1992. 11. 22. 89헌마88)이라는 용어를 사용한다(정순원, 2019).

헌법 제31조 제1항이 '교육의 자유', '교육의 권리'이라는 표현을 사용하지 않고 '교육을 받을 권리'라고 표현한 것에 따라 학계와 헌법재판소에서 '학습권', '교육권', '교육기본권', '수학권', '교육의 자유' 등 여러 용어를 병용하는 문제 및 체계적인 헌법 해석을 위해 "교육기본권"이라는 용어를 사용해야 한다는 주장에 많은 학자들이 입장을 같이 하는 것으로 보인다(정순원, 2019).

한편 헌법재판소는 "교육을 받을 권리의 내용을 이루는 교육에는 가정교육 · 학교 교육 · 사회교육 등의 여러 가지 형태가 있지만 특히 학교 교육은 현대 산업사회에 있어서 근로에 의한 생활 유지의 기초가 되는 지식과 기술을 습득케 함으로써 인간다운 생활을 누릴 수 있게 한다는 점에서 그 중요성이 클 뿐만 아니라 사회의 질서 형성에 이바지하는 공적인 제도"라고 판시한바(헌법재판소 1991. 7. 22. 89헌가106), 헌법 제31조 제1항의 '교육'은 '학교 교육'에 한하지 않는다고 본다.

이와 같이 헌법 제31조 제1항이 교육의 대상, 내용, 방법 등을 따로 제한하고 있지 아니한 바, 교육의 수단과 대상으로서의 인공지능 교육이 학교에서 이루어지는 경우는 물론이고 학교 밖에서 이루어지는 경우에도 모두 헌법 제31조 제1항의 정신이 구현되어야 한다.

헌법 제31조 제1항은, 문화국가 · 민주국가 · 사회국가 · 복지국가에서 차지하는 교육의 중요성을 감안해서 교육을 모든 국민의 권리로 규정함과 동시에 국가와 국민의 공동 의무임을 명백히 밝히고 있다.

권리의 측면에서 헌법 제31조 제1항의 '교육을 받을 권리'는 교육받을 자유를 침해받지 않을 소극적 권리에 그치는 것이 아니라 고전적인 자유권적 기본권의 성격을 넘어 교육의 기회균등이라고 하는 평등 이념의 실질적인 보장을 바탕으로 해 평화의 유지와 문화 창조의 방향을 적극적으로 제시하는 현대적 의미의 기본권이다.

의무의 측면에서 '교육을 받을 권리'란, 모든 국민에게 저마다의 능력에 따른 교육이 가능하도록 그에 필요한 설비와 제도를 마련해야 할 국가의 과제와 아울러, 이를 넘어 사회적 · 경제적 약자도 능력에 따른 실질적 평등 교육을 받을 수 있도록 적극적인 정책을 실현해야 할 국가의 의무를 뜻한다.

헌법은 사회적 기본권의 보장을 통해 되도록 국민 누구나가 자력으로 자신의 기본권을 행사할 수 있는 실질적인 조건을 형성해야 할 국가의 의무, 특히 헌법 제31조의 '교육을 받을 권리'의 보장을 통해 교육 영역에서의 기회균등을 이룩할 의무를 부과하고 있다. 따라서 헌법 제31조의 '능력에 따라 균등한 교육을 받을 권리'는 국가에 의한 교육 제도의 정비 · 개선 외에도 의무 교육의 도입 및 확대, 교육비의 보조나 학자금의 융자 등 교육 영역에서의 사회적 급부의 확대와 같은 국가의 적극적인 활동을 통해 사인간의 출발기회에서의 불평등을 완화해야 할 국가의 의무를 규정한 것이다(헌법재판소 2000. 4. 27. 98헌가16 · 98헌마429).

헌법 제31조의 '교육받을 권리'가 국민의 권리이자 국가의 의무를 정한 것이고, 교육기본권의 대상으로 인공지능 교육을 바라보는 이상 국가 기관이 인공지능 교육 시책을 행할 경우, 비록 경제적 · 기술적 여건에 따라 적용 대상과 시점에 다소 차이 – 디지털 기반 교육 혁신 방안이 밝힌 인공지능 디지털교과서는 2025년부터 단계적으로 초 · 중 · 고등학교 도입을 예정하고 있다(교육부, 2023) – 가 있다 하더라도 모든 국민의 균등하게 교육을 받을 수 있도록 인공지능 교육에 필요한 교원 확충, 디바이스 구축 등 인프라를 갖춰 실질적 교육 평등이 이루어지도록 할 책무를 지닌다고 할 수 있다.

이는 인공지능 디지털교과서의 법적 지위가 '교과서'(교과용 도서에 관한 규정 제2조 제2호)가 아닌 '교육 자료'(「초 · 중등교육법 일부 개정 법률안」(대안) 제29조의2 제1항 제2호, 의안번호 2206630, 2024. 12. 26. 원안가결, 2025. 1. 21. 재의요구)인 경우라 할지라도 다르지 않다고 볼 것이다.

인공지능 교육의 수혜자와 비수혜자 사이의 수학 격차가 아날로그 방식의 교육보다 더 커질 수 있고, 인공지능 리터러시 격차는 사회적 · 경제적 불평등을 심화시킬 요인이 될 수 있는 점 등 인공지능 교육의 특성을 고려할 때(이영호 · 김한성, 2023), 그 명칭 및 법적 지위와 관계없이 인공지능 디지털교과서가 초 · 중등 교육 과정에 도입되는 이상 정부는 모든 초 · 중 · 고등학생에게 충분하고도 빠짐없는 인공지능 교육의 기회균등을 보장해 실질적 교육 평등이 구현될 수 있게 하는 현실적 수단과 방법을 강구할 헌법적 책무를 진다고 할 것이다.

이러한 헌법적 책무를 다하기 위해서는 인공지능 교육의 형평성 보장을 위한 체계적 법 제도가 구비되어야 한다. 학생들이 실질적으로 평등한 인공지능 교육을 받을 수 있도록 하는 국가와 지방 자치 단체의 책무를 명확히 규정하고, 모든 학생들에게 디지털 기기와 인터넷 접속을 보장할 수 있는 법적 근거를 마련해야 한다. 인공지능 교육 인프라 구축을 위한 재정 지원의 법적 근거도 명확히 할 필요가 있다.

특히 지역 간, 학교 간 디지털 격차 해소 및 농어촌 및 도시 저소득층 밀집 지역의 학교에 대한 지원 체계를 구축하고, 장애 학생 등 교육 취약 계층을 위한 맞춤형 인공지능 교육 지원 시스템도 고려해야 한다. 교사들의 인공지능 역량 강화를 위한 연수 프로그램 등에 관한 지원도 필요하다.

더불어 학생들의 인공지능 학습 데이터가 공정하게 활용되고 개인 정보가 철저히 보호될 수 있는 법적 토대를 마련하고, 모든 국민들이 인공지능 리터러시를 기본 역량으로 습득할 수 있는 교육 과정 및 제도적 기반 마련도 고려해야 한다.

이와 같은 법 제도 구비는 단순히 형식적인 기회균등을 넘어 실질적인 교육 평등을 보장하기 위한 것이다. 헌법이 보장하는 교육받을 권리가 인공지능 시대에도 온전히 실현되기 위해서는 인공지능 교육의 특성을 고려한 체계적인 법적 기반이 구비되어야 한다. 이는 인공지능으로 인한 새로운 형태의 교육 불평등을 예방하고, 모든 학생들이 미래 사회에 필요한 역량을 공평하게 습득할 수 있도록 보장하는 국가의 책무라 할 것이다.

참고문헌

고전(2018). 헌법정신 관점에서의 교육기본법 개정 논의. ≪교육법학연구≫, 30(1), 1-27쪽.

교육부(2023). 디지털 기반 교육 혁신 방안.

김신일(2005). 평생학습사회의 교육학 패러다임. ≪평생학습사회≫,

151-170쪽.
이영호 · 김한성(2023). 초 · 중등교육 내 생성형 인공지능 도입을 위한 법률적 이슈 탐색 - 디지털 기반 교육 혁신 방안 정책을 중심으로 -. ≪한국컴퓨터교육학회≫, 26(5), 129-138쪽.
정순원(2019). 21세기 교육을 받을 권리의 개념과 법적성격. ≪교육법학연구≫, 31(3), 125-152쪽.

06
인공지능 교육과 교육 재정 관련 법령

현재 지역별 디바이스 보급률에 상당한 격차가 존재하고, 향후 수년간 인공지능 디지털교과서 구독료 및 관련 인프라 구축에 막대한 재정이 소요될 것으로 예상된다. 지방 교육 재정은 대부분 국가 교부금과 지방 자치 단체 전입금에 의존하고 있어, 교육부의 한시적 교부금 증액만으로는 장기적 안정성을 확보하기 어려운 실정이다. 헌법이 보장하는 '능력에 따라 균등한 교육을 받을 권리'를 실현하기 위해서는 디바이스, 통신망, 교원 연수 등 인공지능 교육 환경 개선에 필요한 재정을 안정적으로 확보할 수 있는 제도적 장치 마련이 필요하다.

AI와 야구?

인공지능 교육과 재정

인공지능 교육을 시행하기 위해서는 노트북, 태블릿, 전자 칠판, 유무선 고속 네트워크 환경, 데이터 전송 관리 시스템, 학습 데이터 허브 통합 관제 시스템, 교육 행정 데이터 통합 관리 시스템 등 상당한 수준의 시설·장비가 투입되어야 한다(물적 자원). 인공지능 교육을 교육 현장에서 구현할 교사 훈련 및 양성에 필요한 투자(일례로, 디지털 기반 교육 혁신 방안의 T.O.U.C.H. 교사단 선발 및 연수)도 필수적이다(인적 자원).

2023년 3월 교육부는 2023년 400명, 2024년 800명, 2025년 1,500명의 터치 교사단 선발 및 연수를 예정했다(교육부a, 2023). 이러한 인공지능 교육에 대한 물적·인적 자원에 대한 투자는 개인별 맞춤형 교육을 통해 개인 간 교육 격차를 줄일 수 있다는 기대를 갖게 한다.

우리나라 인공지능 교육의 화두가 되고 있는 디지털 기반 교육 혁신 방안의 핵심은 인공지능 디지털교과서를 이용한 교육이라 할 수 있다. 'AI 디지털교과서'는 '학생 개인의 능력과 수준에 맞는 다양한 맞춤형 학습 기회를 지원하고자 인공지능을 포함한 지능 정보 기술을 활용해 다양한 학습 자료 및 학습 지원 기능 등을 탑재한 소프트웨어'다(교육부b, 2023). 이는 인공지능 튜터(인공지능을 이용해 학생의 학습 상태를 분석해 부족한 부분의 원인을 찾아 이를 개선할 수 있는 전략을 조언해 주는 서비스)를 이용해 학생들의 개인별 상황에 맞는 자동 피드백을 통해 개인 맞춤별 교육을 시도함을 요체로 한다. 단 한 명도 빠짐없는 맞춤형 교육을 위해서는 이를 실시할 수 있는 물적 시설 – '통신망'은 2023년 2월 현재 학교 기가급 무선망 구축 완료(2022년 5월), '무선망'은 2022년 기준 학습 공간 대비 111% 구축, '디바이스'는 2022년 3월 기준 학생 1인당 스마트 기기 수는 0.28대로, 태블릿·노트북 기준, 전국 약 151만 대에 불과 – 및 인적 시설(교원 확충)이 확보되어야 한다(교육부a, 2023).

그러나 2024년 7월 기준 시도별 초등학교 3학년 이상 학생들에 대한 디바이스 보급률은 경남 126.8%, 대전 118.8%, 충북 108.9%이고, 서울은 50.8%, 세종 57.8%, 제주 63.3%에 불과해 시도별 격차가 상당히 큰 것으로 드러났다. 특히 서울의 경우, 내구 연수를 초과한 노트북과 태블릿이 16543대에 달해 기기 교체 비용 지출도 필요한 상황이다(이재익, 2024).

교육 재정 관련 법령 현황

인공지능 디지털교과서를 이용해 모든 학생에 대해 헌

법이 보장한, 능력에 따라 균등한 교육을 받을 권리를 충족하기 위해서는 이를 구현할 교원, 통신망 및 디바이스 확충 등 인적 · 물적 자원 확보가 충분히 이뤄져야 한다. 이는 필연적으로 교육 재정 문제를 동반한다.

헌법 제31조 제6항은 '학교 교육 및 평생 교육을 포함한 교육 제도와 그 운영, 교육 재정 및 교원의 지위에 관한 기본적인 사항은 법률로 정한다'고 하여, 교육에 관한 사항 중 재정에 관해 '교육 재정 법정주의'를 규정하고 있다. 인공지능 교육을 통한 실질적 교육 평등을 구현하기 위해서는 인공지능 교육에 관한 충분한 재정 확보가 필요하고, 이는 헌법 제31조 제6항의 교육 재정 법정주의에 의거해 충실히 구현되어야 한다.

교육에 관한 준헌법이라 할 수 있는 「교육기본법」은 국가와 지방 자치 단체는 교육 재정을 안정적으로 확보하기 위해 필요한 시책을 수립 · 실시해야 하고, 교육 재정을 안정적으로 확보하기 위해 지방 교육 재정 교부금 등에 관해 필요한 사항은 따로 법률로 정한다고 규정하고 있다(제7조).

헌법 제31조 제6항과 「교육기본법」 제7조에 따라 교육 재정에 관한 사항을 규정하고 있는 법률은 「지방 교육 자치에 관한 법률」과 「지방 교육 재정 교부금법」이다. 「지방 교육 자치에 관한 법률」은 지방 자치 단체의 교육 · 과학 · 기술 · 체육 그 밖의 학예에 관한 사무를 관장하는 기관의 설치와 그 조직 및 운영 등에 관한 사항을, 「지방 교육 재정 교부금법」은 국가가 지방 자치 단체의 교육 기관 및 교육 행정 기관(그 소속 기관을 포함) 설치 · 경영에 필요한 재원의 교부에 관한 사항을 정하고 있다.

「지방 교육 자치에 관한 법률」은 교육 · 학예에 관한 경비를, 교육에 관한 특별 부과금 · 수수료 및 사용료, 지방 교육 재정 교부금, 해당 지방 자치 단체의 일반 회계로부터의 전입금, 유아 교육 지원 특별 회계에 따른 전입금, 그 외 수입으로서 교육 · 학예에 속하는 수입으로 충당한다고 법정하고 있고(제36조), 이에 따라 지방 교육 재정은 구체적으로는 i) 지방 교육 재정 교부금(국고 보조금 및 유아 교육 지원 특별 회계 별도), ii) 지방 자치 단체의 일반 회계로부터의 전입금, iii) 자체 수입(입학금 및 수업료, 사용료 및 수수료 수입, 자산 수입, 이자 수입 등), iv) 차입 및 기타(지방 교육채, 금융 기관 차입금, 순세계잉여금 등)을 세입 재원으로 하고 있다.

교육부 결산 공시에 따르면 2023년 지방 교육 재정 규모는 약 98조 9770억 원이었고, 그중 지방 교육 재정 교부금이 약 66조 2660억 원으로 약 67%를, 지방 자치 단체의 일반 회계로부터의 전입금이 약 15조 8390억 원으로 약 16%를 차지(교육부c, 2023)해 '지방 교육 재정 교부금' 및 '지방 자치 단체 일반 회계 전입금'이 전체 지방 교육 재정 세입재원의 83%에 달한다. 지방 교육 재정은 세입 재원 중 대부분을 중앙 정부로부터의 지방 교육 재정 교부금과 지방 자치 단체의 일반 회계로부터의 전입금에 의존하고 있는 것이다.

전체 지방 교육 재정 세입 재원 중 가장 큰 비중을 차지하는 지방 교육 재정 교부금은 용도에 따라 보통 교부금과 특별 교부금 나뉜다.

보통 교부금은 시 · 도 교육청의 인건비와 시설비, 학교 · 교육 과정 운영 등 일반적 · 반복적 교육 활동에 사용되는 것으로, 17개 시 · 도 교육청의 균형 있는 교육 발전을 목적으로 한다. 이는 해당 연도 「교육세법」에 따른 교육세 세입액 중 일부(해당 연도 「교육세법」에 따른 교육세 세입액 중 「유아교육 지원 특별 회계법」 제5조제1항에서 정하는 금액 및 「고등 · 평생 교육 지원 특별 회계법」 제6조제1항에서 정하는 금액을 제외한 금액)와 해당 연도 내국세 총액의 20.79%의 97%(단, 2024년 1월 1일부터 2026년 12월 31일까지는 해당 연도 내국세 총액의 20.79%의 96.2%'를 합한 금액)를 합한 금액을 재원으로 한다(「지방 교육 재정 교부금법」 제3조 2항, 제3항, 제5조의3). 보통 교부금은 시 · 도 교육청별로 기준 재정 수요액이 기준 재정 수입액에 미달하는 경우 그 미달액을 총액으로 교부한다(「지방 교육 재정 교부금법」 제5조 제1항).

특별 교부금은 보통 교부금을 산정하기 어려운 유 · 초 · 중등 교육 분야의 국가 시책 사업(100분의 60), 지역 현안 사업(100분의 30), 재해 대책 및 복구(100분의 10) – 단, 2024년 1월 1일부터 2026년 12월 31일까지는 국가 시책 사업(380분의 180), 지역 현안 사업(380분의 90), 재해 대책 및 복구(380분의 30), 디지털 기반 교육 혁신 · 방과 후 학교 교육 · 성과 우수 지방 자치 단체 지원(380분의 80) – 에 관한 특별한 재정 수요에 지원하기 위한 예산이다. 특별 교부금 재원은 해당 연도 내국세 총액의 20.79%의 3%(단, 2024년 1월 1일부터 2026년 12월 31일까지는 해당 연도 내국세 총액의 20.79%의 3.8%)를 재원으로 한다(「지방 교육 재정 교부금법」 제3조 2항, 제3항, 제5조의2, 제5조의3).

이에 따라 2024년 '국가 시책 사업'으로 '디지털 교육 혁신'에 투여된 특별 교부금은 약 총 1979억 원으로, 그

중 '디지털 역량 제고'에 222억 원, '디지털 기반 구축'에 1554억 원, '디지털교과서 개발'에 203억 원이 교부되었다. 이와 별도로 2024년 1월 1일 시행된 「지방 교육 재정 교부금법」 제5조의3(동 조는 2026년 12월 31일까지 유효한 일몰 규정이다)에 따른 '디지털 교육 혁신'(교원의 AI 교수 학습 역량 강화 및 방과 후 교육 활성화 등을 위한 특별한 재정 수요, 동 법 제5조의3 제2항 제4호)에 교부된 특별 교부금은 2024년 5041억 원이었고, 그중 '교원의 AI 교수 학습 역량 강화'에 교부된 특별 교부금은 3592억 원이었다(교육부a, 2024).

인공지능 교육 재정 관련 입법 보완의 필요성

의무 교육에 종사하는 교원의 보수와 그 밖의 의무 교육에 관련된 경비는 국가 및 지방 자치 단체가 부담하고(「지방 교육 자치에 관한 법률」 제37조 제1항), 시·도의 교육·학예 경비는 해당 지방 자치 단체의 교육비 특별 회계에서 부담하되 의무 교육과 관련된 경비는 교육비 특별 회계 재원 중 지방 교육 재정 교부금과 일반 회계로부터의 전입금으로 충당된다(「지방 교육 재정 교부금법」 제11조 제1항).

인공지능 교육이 의무 교육에 도입되는 이상 이에 관

련된 경비 역시 중앙 정부의 지방 교육 재정 교부금과 지방 자치 단체의 일반 회계로부터의 전입금으로 충당된다. 교육부는 2025년부터 인공지능 디지털교과서를 학년 및 교과에 따라 순차적으로 확대할 계획이라고 밝혔는데, 최근 교육부는 2025년에 영어, 수학, 정보 교과에 인공지능 디지털교과서를 먼저 도입하고, 사회, 과학 교과는 2027년부터 도입할 예정이며, 국어, 기술, 가정, 실과 교과는 도입을 제외할 것을 밝힌 바 있다(교육부b, 2024). 인공지능 디지털교과서의 가격 체계는 종전의 '디지털교과서'에 적용된 개발비 보전 방식이 아닌 구독료로 운용될 것으로 보이는데, 2025년부터 2028년까지 시 · 도교육청이 학생용 인공지능 디지털교과서 구독료로 지출해야 할 추가 재정 부담액은 인공지능 디지털교과서 평균 월 구독료 5000원, 학기별 분권 교과서의 구독 기간을 12개월로 가정하는 경우 총 4조 7255억 원이 될 것이라는 전망이 있다. 동 전망에 의하면 최소 총 1조 9252억 원(월 구독료 5000원, 구독 기간 6개월)에서 최대 총 6조 6156억 원(월 구독료 7000원, 구독 기간 12개월)에 이를 것이라는 전망이다(김범주, 2024).

인공지능 디지털교과서를 도입하는 경우, 기본적인 구독료 뿐 아니라 개발, 유지, 보수 비용들도 지방 교육 재정 교부금으로 운용될 상황에서 이는 시도 교육청 재정 운영에 상당한 부담이 될 것으로 보인다. 정부는 인공지능 교육 재원 확충을 위해 2024년 1월 1일부터 2026년 12월 31일까지 한시적으로 보통 교부금 및 특별 교부금 재원을 소폭 증액(「지방 교육 재정 교부금법」 제5조의3 제1항)하고, 특별 교부금 교부 항목에 디지털 기반 교육 혁신 등의 항목을 추가했으나(「지방 교육 재정 교부금법」 제5조의3 제2항 제4호), 인공지능 디지털교과서를 포함한 인공지능 교육에 필요한 제 비용을 충분히 감안한 것으로 보기 어렵다. 인공지능 디지털교과서가 '교과서' 또는 '교육 자료' 중 어느 법적 지위를 가지게 될지 및 시 · 도 교육청 간 상이한 재정 상황 등에 따라 인공지능 교육에 대한 예산의 소요 편차가 작지 않을 것으로 보인다.

교육 행정은 교육 목적 달성을 위한 인적 · 물적 제 조건을 정비 · 확립하는 일련의 활동을 말하고, 교육 재정은 국가 및 공공 단체가 공익사업인 교육 활동을 위해 필요한 수입 · 지출 활동과 자산과 부채를 관리 · 처분하는 일련의 경제 활동을 말한다. 이러한 점에서 볼 때 교육 행정과 교육 재정은 불가분의 관계를 맺고 있다(윤정일, 2018).

따라서 인공지능 교육 재정은 인공지능 교육을 위해 필요한 수입 · 지출 활동과 자산과 부채를 관리 · 처분하는 일련의 경제 활동이라고 할 수 있다. 인공지능 교육 재정은 인공지능 교육 행정의 기반이 되어 인공지능 교육의 양적 규모, 내용 및 질적 수준을 결정한다. 인공지능 교육 재정은 교육의 양적 규모와 질적 수준을 결정하고, 교육 평등을 실현할 수 있도록 운용되어야 하며, 인공지능 교육 활동 안정화와 지속적인 발전을 담보할 수 있어야 한다(윤정일, 2018).

지방 교육 재정 세수는 「지방 교육 재정 교부금법」 제3조, 「교육세법」 제5조 등에 따라 국세 및 지방세에 연동된다. 지방 교육 재정은 국세 및 지방세에 연동되어 안정적으로 증대될 것으로 전망되는 반면, 인구 및 출생률 감소에 따른 학생 수 감소로 세출 요인은 줄어들고 있으므로, 지방 교육 재정 교부금 교부율 등이 인하되어야 한다는 것이 교육계 외부의 시각이다(김병주, 2019). 그러나 실제로는 국세가 2022년 384조 2894억 원에서 2023년 335조 6723억 원으로 12.65%가 감소(국세 통계 포털, 2024)하는 등 국세 및 지방세가 안정적으로 증가하고 있다고만은 할 수 없다. 전체 유 · 초 · 중등 학생 수가 2023년 578만 3612명으로, 2022년 587만 9768명 대비

1.6% 감소(교육부d, 2023)하는 등 학생 수는 감소하는 추세지만, 초 · 중 · 고등학교 수는 2022년 11794개에서 2023년 11819개로 증가했고, 유 · 초 · 중등학교 전체 교원 수는 2022년 50만 7793명에서 2023년 50만 8850명으로 증가한 것으로 나타났다(교육부d, 2023)

특히 인공지능 교육에서는 대내외적 경제 환경, 부동산 등 실물 시장 현황, 기업 실적 등의 변수 등 불확정적 지표에 연동되는 국세 및 지방세의 증감 추세를 장 · 단기적으로 예단하는 것도 어려울 뿐 아니라 공익성 · 공공성을 갖는 교육 재정을 위 불확정적 경제 지표에 연동하는 것은 바람직하지 않다.

헌법 제31조의 '능력에 따라 균등한 교육을 받을 권리'는 모든 국민에게 저마다의 능력에 따른 교육이 가능하도록 그에 필요한 설비와 제도를 마련해야 할 국가의 과제와 아울러 이를 넘어 사회적 · 경제적 약자도 능력에 따른 실질적 평등 교육을 받을 수 있도록 적극적인 정책을 실현해야 할 국가의 의무를 뜻하며, 국가에 의한 교육 제도의 정비 · 개선 외에도 교육 영역에서의 사회적 급부의 확대와 같은 국가의 적극적인 활동을 통해 사인 간의 출발 기회에서의 불평등을 완화해야 할 국가의 의무를 규정한 것이다(헌법재판소 2000. 4. 27. 98헌가

16 · 98헌마429).

따라서 국가 기관은 인공지능 교육을 시행함에 사회적 · 경제적 약자도 실질적으로 평등한 교육을 받을 수 있는 적극적 정책을 시행할 의무 및 인공지능 교육을 통해 국민의 출발 기회에서의 불평등이 완화될 수 있도록 해야 할 헌법적 책무가 있다고 할 수 있다.

헌법과 「교육기본법」의 정신에 부합할 수 있도록 인공지능 교육 구현을 위한 디바이스, 유무선 통신망 구축, 교원 연수 및 확충 등 인적 · 물적 자원이 확보될 수 있도록 인공지능 교육 환경 개선에 필요한 재정을 확보할 수 있어야 한다. 인공지능 교육에 관한 재정 안정성을 고려한 입법 보완을 보다 적극적으로 검토해야 한다.

참고문헌

교육부(2023a). 디지털 기반 교육 혁신 방안.

교육부(2023b). AI 디지털교과서 개발 가이드라인.

교육부(2023c). 지방 교육 재정알리미.
https://www.eduinfo.go.kr/portal/intg/intgInfTColClsgPage.do

교육부(2023d). 2023년 교육기본통계 주요내용.

교육부(2024a). 지방 교육 재정알리미.
https://eduinfo.go.kr/m/theme/eduPfincspclDelvm.do?pageId=GB1#none

교육부(2024b). AI 디지털교과서 검정심사 결과 및 도입 로드맵 조정(안). 대한민국 정책브리핑, https://kcg.korea.kr/news/policyNewsView.do?newsId=156663262

국세청 국세통계포털(2024). https://tasis.nts.go.kr/websquare/websquare.html?w2xPath=/cm/index.xml

김범주(2024). AI 디지털교과서 도입에 따른 지방 교육 재정부담 전망과 과제. 국회입법조사처.

김병주(2019). 2030 대한민국 교육과 우리의 미래 ④지방 교육 재정의 혜안. ≪행복한 교육≫, 2019년 11월 호.

윤정일(2018.9.6). [시론]교육 재정의 본질과 기능. ≪에듀인뉴스≫, https://www.eduinnews.co.kr/news/articleView.html?idxno=7194

이재익(2024.10.2). AI 디지털교과서 도입 앞두고 시도별 장비 보급 차이 커. ≪교육플러스≫, https://www.edpl.co.kr/news/articleView.html?idxno=14578

07
인공지능 교육과 저작권

제4차 산업혁명 시대의 도래와 함께 인공지능 기술이 급속도로 발전하면서, 인공지능은 딥러닝 기술을 기반으로 스스로 학습하고 인지 추론을 할 수 있는 수준에 이르렀다. 이러한 기술 발전은 교육 분야에도 큰 영향을 미치고 있으며, 동시에 저작권과 관련된 새로운 법적 문제들을 야기하고 있다.

AI와 윤동주?

저작권의 시작

저작권 제도는 금속 활자 인쇄술의 태동 및 보급과 밀접한 관련이 있다. 1440년경 구텐베르크가 독일 마인츠에서 금속 활자를 발명한 이래 전 유럽에 급속도로 인쇄술이 확산되었다. 당시 이미 종이는 저가에 보급되고 있었지만 모든 서적 등 매체는 필사본에 의존한 탓에 보급에 한계가 있었는데 구텐베르크 인쇄술로 인해 인쇄 가능한 모든 것이 대량 생산되어 유럽 전역에 급속도로 보급되었다. 구텐베르크 인쇄술은 처음에는 면죄부를 대량 인쇄하는 데 이용되기도 했고, 1517년 마르틴 루터의 95개조 반박문이 인쇄, 유포되면서 종교개혁이 촉발되기도 했다. 금속 활자 인쇄술로 인해 성서가 단일한 내용으로 대량으로 인쇄, 보급되어 유럽인들은 인간 매체(성직자)가 아닌 인쇄 매체(성서)를 통해 신을 접하게 되었고, 이는 곧 교황의 세력을 약화시켜 근대 국민 국가를 만드는 요인이 되었다(베르나 파울슈티히, 2007).

금속 활자 인쇄술이 보급된 영국에서는 1556년에 출판업자들을 보호하기 위해 출판업자 조합(Stationers' Company)에 출판의 특권과 무단 복제물을 폐기 처분할 수 있는 권한을 부여했다(정상조, 2007). 그러나 이때 저작자에게 자신의 저작물에 대한 고유의 권리가 인정된 것은 아니었다. 이후 개인의 권리를 중시하는 근대적 개인주의 사상이 확산되면서 개인의 정신적 노력의 산물인 창작물에 대해 권리가 인정될 필요가 있다는 관념 하에 정신적 소유권이라는 개념을 받아들이기 시작했고(오승종, 2007), 1710년 저작자의 권리를 전면적으로 인정한 최초의 근대적 저작권법인 「앤 여왕법(Statute of Anne)」이 제정되었다(정상조, 2007).

저작권 제도는 기술과 매체의 발전에 따른 신기술과 신매체를 수용하면서 많은 변화를 겪었다.

구텐베르크 혁명 이래 서적과 신문(1660)이 주류 매체로 등극하면서 어문 저작물을, 이후 전기 혁명으로 라디오(1906)와 TV(1930 전후)가 주류 매체로 발흥하면서 음악 저작물과 영상 저작물을, 이어 20세기 후반에는 인터넷 및 디지털 혁명에 따라 컴퓨터 프로그램 저작물을 각 저작물로 포섭해 보호하게 되었다.

우리나라는 1986년 12월 31일 「컴퓨터 프로그램 보호법」을 제정해 컴퓨터 프로그램을 저작물로 보호하게 되었고(동 법은 2009. 4. 22. 「저작권법」에 통합되어 현재는 「저작권법」에서 보호), 2025년 1월 7일에는 만화·웹툰·애니메이션 같은 시각 예술과 문학이 결합된 복합적인 형태의 저작물을 명시적으로 저작물에 포섭하자는

「저작권법」 개정안이 발의(의안번호 2207283, 조계원 의원 등 16인 발의)되는 등 기술과 매체가 개발되고 관련 산업이 발전함에 따라 저작권 제도로 보호하게 되는 저작물의 범위는 얼마든지 확장될 수 있는 것이다.

우리나라의 저작권 법제

헌법 제22조는 "저작자 · 발명가 · 과학기술자와 예술가의 권리는 법률로써 보호한다"고 규정하고 있다. 이에 따라 저작자의 권리를 보호하기 위해 제정된 법이 「저작권법」이다.

「저작권법」은 저작자의 권리와 이에 인접하는 권리를 보호하고, 저작물의 공정한 이용을 도모함으로써 문화 및 관련 산업의 향상 발전에 이바지함을 목적으로 한다(제1조). 「저작권법」은 저작자의 권리 보호와 관련 산업 발전이라는 서로 상충적이면서도 보완적인 두 가지 목적 달성을 지향해 조화롭게 해석 · 운용되어야 한다.

우리 「저작권법」은 저작물 자체를 보호하는 '저작권'과 저작물을 직접 창작한 것은 아니지만 저작물을 대중이 널리 향유할 수 있도록 기여한다는 점에서 실연자, 음반제작자, 방송 사업자에게 저작권에 준하는 권리로서 '저작 인접권'을 보호한다(제66조~제85조의2).

저작권은 저작자가 저작물에 대해 가지는 인격적 이익을 보호하는 '저작 인격권'과 저작물의 이용에 관한 여러 권리들의 다발(bundle of rights)인 '저작 재산권'으로 나누어진다.

'저작 인격권'으로는, i) 저작물 공표(공개 및 복제 · 배포, 제2조 제24, 25호) 여부를 결정할 수 있는 권리인 '공표권'(제11조), ii) 저작물 원본이나 복제물 또는 저작물 공표 매체에 실명 또는 이명을 표시해 창작자임을 주장할 수 있는 '성명 표시권'(제12조), iii) 저작물의 내용 · 형식 및 제호의 동일성을 유지할 수 있는 '동일성 유지권'(제13조)이 인정되고, '저작 재산권'으로는, i) 저작물을 유형물에 고정하거나 다시 제작할 권리인 '복제권'(제16조, 제2조 제22호), ii) 저작물 또는 실연 · 음반 · 방송을 상연 · 연주 · 가창 · 구연 · 낭독 · 상영 · 재생 그 밖의 방법으로 공중에게 공개할 권리인 '공연권'(제17조, 제2조 제3호), iii) 유 · 무선 통신 방법으로 송신하거나 이용에 제공할 권리인 '공중 송신권'(제18조, 제2조 제7호), iv) 미술 저작물 등(미술 저작물 · 건축 저작물 · 사진 저작물, 제11조 제3항)의 원본이나 복제물을 일반인에게 공개된 장소에서 진열 · 게시할 권리인 '전시권'(제19조), v) 저작물 원본이나 복제물을 공중에게 양도 · 대여할 권리인 '배포권'(제20조), vi) 상업적 목적으로 공표된 음반이나 프로그램을 영리 목적으로 대여할 권리인 '대여권'(제21조), vii) 원 저작물을 번역 · 편곡 · 변형 · 각색 · 영상 제작 그 밖의 방법으로 작성 · 이용할 권리인 '2차적 저작물 작성권'(제22조, 제5조 제1항)이 인정된다.

"저작물"은 '인간의 사상 또는 감정을 표현한 창작물'이고, '저작물을 창작한 자'가 '저작자'다(「저작권법」 제2조 제1,2호). 「저작권법」은 인간의 사상이나 감정을 '표현'한 '창작물'을 보호하는 것이므로 사상이나 감정(총칭해 아이디어)은 저작권의 보호 대상이 아니다.

인공지능 기술과 저작권

디지털은 무한 복제성, 전송 무제한성, 한계생산비용이 0에 가까울 수 있다는 특성을 갖는다.

2006년 제프리 힌턴(Geoffrey Hinton)이 발표한 논문 "심층 신뢰 신경망을 위한 빠른 학습 알고리즘(A fast learning algorithm for deep belief nets)"이 딥 러닝에 새로운 전기를 마련한 이후 사람의 개입 없이 빅데이터 및 알고리즘을 이용해 컴퓨터가 스스로 자료를 검색 · 수집해 학습 · 추론 · 지각 · 판단을 하는 인공지능 특성이 위 디지털 특성과 결합하면서 이전과는 다른 차원의 저작권 이슈가 발생하고 있다.

대규모 언어 모델(LLM, Large Language Model)은 인터넷에서 자연어를 수집해 인공 신경망으로 처리하는 모델로, 대규모 데이터 세트에서 얻은 지식을 기반으로 텍스트와 다양한 콘텐츠를 인식하고 요약, 번역, 예측, 생성할 수 있는 딥 러닝 알고리즘이다.

오픈에이아이 사의 챗GPT는 LLM을 기반으로 하는 대화 전문 인공지능 챗봇(chatbot)으로, 거대한 양의 텍스트, 데이터, 정보, 코드와 인터넷 자료들을 사전 학습했고, 자연어 처리 방식으로 인간과 더 가까운 패턴으로 응답하고 수행한다(OpenAI, 2024).

이러한 생성형 인공지능이 일반 대중에게 널리 보급되면서부터 인공지능이 만들어 낸 인공지능 창작물을 저작물로 인정할 수 있는 것인지, 그 창작물에 대한 저작권자는 누가 되는 것인지, 인공지능 창작물로 인한 수익과 책임의 귀속 주체는 누가 되는지 등 새로운 문제가 제기되고 있다. 새로운 인공지능 기술이 등장할 때마다 기존 저작권 체계에 대한 새로운 접근을 요구되고 있다.

최근의 생성형 인공지능은 개인별 수준에 맞는 맞춤형 학습과 교수 학습 방법을 개선하고 혁신할 잠재력을 가진 기술로 평가받고 있다(유네스코 한국위원회, 2023). 우리나라가 도입을 추진하고 있는 인공지능 디지털교과서 역시 생성형 인공지능을 핵심 기술 중 하나로 하고 있다.

이와 관련해 특히 '인공지능 학습 과정에서의 저작권 보호 문제'가 제기된다. 인공지능 교육을 위한 머신 러닝 과정에서 지능형 에이전트가 자동적으로 타인의 저작물을 데이터 마이닝 하거나 웹 크롤링할 때 발생하는 저작권 침해가 그것이다.

인공지능은 머신 러닝 과정에서 데이터를 무작위로 크롤링하기 때문에 크롤링하는 데이터 중에는 셀 수 없이 많은 타인의 저작물이 포함될 수밖에 없다. 저작물을 크롤링해 학습하는 과정에서 데이터를 수집해 복제해야 하는데, 이 경우 저작권자의 허락을 얻어야 하지만 모든 저작권자로부터 개별적으로 동의를 받는 것은 불가능에 가깝다. 이에 저작물인 데이터를 이용하는 것을 전면적으로 금지하거나, 또는 저작권 침해에서 자유로운 것으로 해석하는 것 모두 저작권 보호와 관련 산업 발전이라는 두 가지 목표의 조화로운 해석과는 거리가 멀다. 이에 저작권자에 대한 불이익을 최소화하면서도 저작물을 학습 데이터로 사용하는 것에 대한 예외적 요건을 설정하는 것이 필요하다(전응준, 2021).

공정 이용 조항과 TDM 면책 규정

인공지능이 데이터를 학습하기 위해서는 학습 대상이 되는 데이터에 접근하는 단계, 데이터를 추출 및 복제하는 단계, 데이터 마이닝 및 지식 발견 단계가 필요하다고 볼 수 있는데(이규호, 2020), 이때 저작권자의 복제권, 전송권, 2차적 저작물 작성권, 동일성 유지권이 침해될 수 있다(조연하, 2022). 특히 데이터를 추출 및 복제하는 단계에서 저작권 침해 문제가 발생할 가능성이 가장 크다(이규호, 2020).

이에 관해 영국은 유럽연합 회원국 중 가장 먼저 2014년에 TDM 면책 규정(TDM: Text and Data Mining. 검색, 패턴 인식, 연관 발견, 의미 분석 등의 목적으로 대량의 텍스트 또는 데이터 리소스를 수집·분석하는 자동화된 프로세스를 의미)을 도입했고, 2016년에는 프랑스가, 2018년에는 독일이 각각 제한된 범위의 TDM 면책 규정을 각 저작권법 내에 도입했다. 2019년 유럽연합의 'DSM(Digital Single Market, 디지털 단일 시장) 지침'은 회원국에 대한 통일적 기준이 되는 TDM 면책 규정을 두었다(차상육, 2021). 일본은 2009년 및 2018년 두 차례에 걸친 저작권법 개정을 통해 머신 러닝 등에 수반되는 데이터 수집, 복제, 처리 등에 관계된 저작권 침해 면책 규정을 정비했다. 싱가포르는 공정 이용 조항이 존재하지만 2021년 포괄적인 TDM 개별 면책 조항을 도입했다(류시원, 2023).

영국, 프랑스, 독일, EU, 일본, 싱가포르가 개별 TDM 면책 규정을 입법한 것과 달리 미국은 따로 TDM 면책 규정을 두지 않고 저작권법상의 공정 이용 조항에 관한 탄력적인 판례 해석을 통해 타인의 저작물 이용 및 저작권 침해 책임을 지지 않는 TDM 면책을 허용하고 있다(차상육, 2021. 류시원, 2023).

우리 「저작권법」은 컴퓨터에서 저작물을 이용하는 경우에는 원활하고 효율적인 정보 처리를 위해 필요하다고 인정되는 범위 안에서 그 저작물을 그 컴퓨터에 일시적으로 복제할 수 있다고 규정해 일시적 복제에 대한 면책 규정인 제35조의2를 두고 있고, 저작물의 일반적인 이용 방법과 충돌하지 아니하고 저작자의 정당한 이익을 부당하게 해치지 아니하는 경우에는 저작물을 이용할 수 있는 것으로 해 저작재산권 제한에 관한 일반 조항으로서 제35조의5의 공정 이용 규정을 이미 두고 있다.

그러나 우리나라 재판 실무에서 공정 이용의 주장·

항변을 검토한 판례가 부족한데다 공정 이용의 개별 요소를 적극적으로 검토한 판례도 매우 적으며, 기존 제한 규정(법 제23조 이하)에서 허락되지 않는 이용이 공정 이용 조항으로 정당화되는 경우가 거의 없는 점(이일호, 2023), 공정 이용에 출처 명시 의무(제37조)를 전면 적용하는 것이 현실적으로 불가능한 점 등 제35조의5의 공정 이용 조항만으로 법적 안정성을 도모하기에는 충분치 아니하므로 현행「저작권법」제35조의5에 의한 공정 이용 인정 가능성과는 별개로 TDM 개별 면책 규정을 도입할 필요가 있다는 것이 학계의 대체적인 견해이다(류시원, 2023).

이에 우리나라 21대 국회(2020. 5. 30~2024. 5. 29)에서는「저작권법」제35조의5에 TDM 면책 조항을 신설하는 내용의「저작권법 개정안」이 4차례 발의된 바 있다(2021. 1. 15. 의안번호 7440, 도종환 의원 등 13인, 2022. 10. 31. 의안번호 17990, 이용호 의원 등 14인, 2023.6.8. 의안번호 22537, 황보승희 의원 등 10인, 2023. 9. 25. 의안번호 24685, 이인영 의원 등 16인).

위 법안들은 대체로 '컴퓨터를 이용한 자동화 분석 기술을 통해 추가적인 정보 또는 가치를 생성하기 위한 목적으로 다수의 저작물을 포함한 대량의 정보를 분석(규칙, 구조, 경향 및 상관관계 등의 정보를 추출)하는 것'을 '정보 분석'이라 칭하고, 일정한 요건(각 법안에 따라, 대학 · 연구 기관 등의 기관이 수행할 것, 비상업적 목적으로 이용할 것, 저작물에 향유된 사상이나 감정을 향유하지 아니할 것, 해당 저작물에 적법하게 접근할 것 등의 일부를 각 요건으로 하고 있다) 하에 해당 저작물의 복제 · 전송을 허용하고 있다.

이에 대해서는 복제 및 추출에 관한 권리 유보의 방식과 수단을 보완할 필요가 있다는 점(이규호, 2020, 전응준 2021), 저작물의 이용 형태를 복제 및 전송에 제한할 필요가 없다는 점(이규호, 2020), '추가적인 정보나 가치를 생성하기 위한 목적'이라는 문언이 불필요한 점(이규호, 2020, 차상육, 2021), 수작업으로 데이터 전처리하는 경우에는 적용이 어려울 수 있다는 점(전응준, 2021) 등의 비판이 있고, 적법 접근 요건을 옵트 아웃(opt out: 원칙적으로 자유로운 복제 · 전송을 허용하되 저작권자가 TDM 면책 조항 적용을 사후 거부하면 복제 · 전송 불허) 방식으로 할 필요가 있다는 견해(차상육, 2021)와 그 반대 견해(박희영, 2023)의 논의도 대립되며, 무엇보다 각 요건에 따라 저작권자와 산업계간 이해관계가 크게 좌우될 수 있어 아직 입법이 되지 않고 있는 상황이다.

그러나 '정보 분석'을 포함한 텍스트 데이터 마이닝 없이는 인공지능 기술 및 산업의 존속 자체가 불가능하다. 저작권자의 이익을 부당하게 침해하지 않으면서도 산업계의 예측 가능성을 높여야 한다. 현행 공정 이용 조항으로도 해결 가능하다는 견해가 있으나, 빅데이터 · 인공지능 산업 발전 및 법적 안정성을 위해 TDM 면책 조항이 입법될 필요가 있다.

2020년 톰슨 로이터(Thomson Reuters)는 법률 AI 스타트업 로스 인텔리전스(Ross Intelligence)가 자사의 웨스트로(Westlaw) 검색 엔진을 무단으로 활용한 것에 대해 소송을 제기했다. 로스 인텔리전스는 톰슨 로이터가 웨스트로 콘텐츠 라이선스 요청을 거부하자, 리걸이즈(LegalEase)라는 회사를 통해 웨스트로 헤드노트(인간 편집자가 작성한 법률 요점 요약)를 활용한 25,000개의 법률 메모를 구매해 인공지능 학습에 사용했는데, 이에 대해 톰슨 로이터가 저작권 침해를 주장한 것이다. 소송에서 로스 인텔리전스 측은 웨스트로 데이터가 '부가적인 노이즈(added noise)'에 불과하며, 이를 이용한 것은 '공정 이용'에 해당한다고 항변했으나, 2025년 2월, 미국 델라웨어 연방지방법원(US District Court of Delaware)은 로스 인텔리전스가 톰슨 로이터의 콘텐츠를 복사한 행위는 미국 저작권법상 허용되지 않는다고 판단했다. 로스인텔리젼스의 '공정 이용' 항변을 받아들이지 않은 것이다. 판사는 특히 로스 인텔리젼스가 웨스트로의 콘텐츠를 활용해 직접적인 경쟁 제품을 만든 것이 원 저작물의 시장 가치에 미친 영향을 중요하게 고려했다. 비록 이 사건은 LLM과 같은 생성형 인공지능이 아닌 비생성형 인공지능에 관한 것이지만, 저작권이 있는 데이터를 무단으로 스크랩해 인공지능 학습에 이용한 것이 저작권 침해에 해당하는지에 관한 첫 사례 중 하나로서 향후 오픈에이아이, 마이크로소프트 등 다른 인공지능 기업들을 상대로 진행 중인 소송에 참고가 될 수 있는 중요한 선례라 할 수 있다(Richard Lawler, 2025). 이 판결로 인해 인공지능 기업들은 향후 크롤링을 통한 데이터 수집 · 사용에 더 신중을 기할 것으로 보이며, 인공지능의 데이터 활용이 얼마나 원 저작물을 변형시켰는지(변형성)와 그 이용의 상업적 성격(상업성)이 핵심 쟁점으로 대두될 것으로 보인다.

미국에는 TDM 면책 규정이 없으므로, 위 법원은 공정 이용 항변에 관해 판단한 것이다. 이 사례는 공정 이용 조항 적용이 도리어 법적 안정성을 담보하기 어려움을 보여주는 예시로 볼 수 있어 향후 우리나라에서도 TDM

면책 규정을 도입해 예측 가능성을 높이자는 주장을 뒷받침할 사례가 될 수 있을 것으로 보인다. 다만 어느 경우든 산업 발전과 저작권 보호라는 두 가지 가치 사이에서 균형점을 찾을 수 있어야 할 것이다.

교육은 사람의 사상과 감정 표현의 재생산 과정이라 할 수 있다. 인공지능 교육에 필요한 인공지능 학습 데이터에는 수많은 저작물이 포함될 수밖에 없다. 교육은 비영리·비상업 목적의 대표적 부문이고, 저작물에 표현된 사상이나 감정을 향유하는 것이 교육 과정의 일부일 수 있는 점 등에 비추어 저작물이 포함된 학습 데이터 이용에 따른 저작권자에 대한 보상 제도를 도입하는 등 보완을 통해 적어도 인공지능 교육 분야의 저작권 침해 문제에 보다 적극적이고 유연한 대처가 필요하다.

참고문헌

류시원(2023). 저작권법상 텍스트·데이터 마이닝(TDM) 면책 규정 도입 방향의 검토. ≪선진상사법률연구≫, 101, 347-382쪽.

박희영(2023). 유럽연합(EU) 인공지능법안(AI Act)과 저작권법. 한국저작권위원회, 이슈리포트 2023-19.

오승종(2007). 『저작권법』. 박영사.

유네스코 한국위원회(2023). 교육 분야에서의 기술: 누구를 위한 도구인가?. 세계 교육 현황 보고서 요약본.

이규호(2020). 인공지능 학습용 데이터세트에 대한 저작권법과 부정경쟁방지법상 보호와 그 한계. ≪인권과정의≫, 494, 90-112쪽.
이일호(2023). 우리 저작권법상 공정 이용의 운영 현황과 과제 - 판례를 중심으로. ≪계간 저작권≫, 2023 봄호, 151-192쪽.
전응준(2021). 인공지능 관련 저작권 침해에 관한 시론. ≪경영법률≫, 31(4), 259-294쪽.
정상조(2007). 『저작권법 주해』. 박영사.
조연하(2022). 인공지능의 콘텐츠 창작에서 저작물 이용의 법적 쟁점에 관한 고찰. ≪사이버커뮤니케이션학보≫, 39(2), 83-133쪽.
차상육(2021). 저작권법상 인공지능 학습용 데이터셋의 보호와 쟁점 - 텍스트·데이터마이닝(TDM) 면책 규정을 중심으로 -. ≪경영법률≫, 32(1), 1-53쪽.
Lawler, Richard(2025.2.12). Thomson Reuters wins an early court battle over AI, copyright, and fair use A judge looked at possible copyright infringement defenses for Ross Intelligence and said, 'I reject them all.'. *The Verge*, https://www.theverge.com/news/610721/thomson-reuters-ross-intelligence-ai-copyright-infringement
OpenAI(2024). GPT-4 Technical Report.
파울슈티히, 베르나(2007). 『근대 초기 매체의 역사』. 지식의 풍경.

08
인공지능 교육과 개인 정보 보호

인공지능 기술의 교육 현장 도입이 가속화되면서 학생들의 개인 정보 보호에 대한 중요성이 더욱 부각되고 있다. 특히 인공지능 디지털교과서와 교육용 인공지능 시스템의 도입으로 학생들의 민감한 개인 정보가 수집, 처리될 수 있는 상황에서 학생 개인 정보에 대한 법적인 보호 방안 마련이 필요하다.

AI와 한의학?

인공지능기술과 개인 정보

인공지능 시스템은 입력 값(input)의 존재를 전제로 한다. 그것이 정형 데이터(Structured Data: 관계형 데이터베이스, 스프레드시트, CSV 등)이든, 비정형 데이터(Unstructured Data: 동영상, 오디오, 사진, 문서, 메일 등)이든, 반정형 데이터(Semi-structured Data: html, XML, RDF, JSON 등)이든, 혹은 이들 모두를 필요로 하든, 그것은 연구자, 사업자, 정부 등 기획자가 어떤 출력 값(output)을 원하는지, 가용한 컴퓨팅 자원의 수준이 어떠한지, 어떤 데이터에 접근 가능한지 등에 따라 결정할 문제다. 다만 인공지능 기술의 중점이 분석형 인공지능에서 생성형 인공지능으로 이전되면서 학습 방식도 지도 학습(Supervised Learning)에서 비지도 학습(Unsupervised Learning)으로, 또한 이용되는 데이터도 정형 또는 반정형 데이터에서 비정형 데이터로 그 비중이 높아지고 있다. 이는 웹 크롤링을 통해 수집되는 인터넷 데이터뿐 아니라 자동차 등 각종 운송 수단, 여러 목적으로 설치된 수많은 CCTV가 수집하는 이미지, 영상 및 음향 정보 등을 포함하며, 인공지능 산업의 쌀로서의 산업적 가치뿐 아니라 수집 · 보유한 데이터의 양과 질에 따라 그 자체로 국가와 기업의 경쟁력을 좌우하는 경제적 가치를 갖는다. 이러한 데이터들은 불특정 시공간에서 불특정 다수의 객체로부터 자동적으로 수집되므로 필연적으로 수많은 개인 정보가 포함되어 수집·처리될 수밖에 없다.

우리나라 법령상 '개인 정보'란 "성명, 주민 등록 번호 및 영상 등을 통해 개인을 알아볼 수 있는 정보, 다른 정보와 쉽게 결합해 특정 개인을 알아볼 수 있는 정보 또는 가명 정보(가명 처리해 특정 개인을 알아볼 수 없는 정보)"를 의미한다(「개인정보 보호법」 제2조 제1호). 모든 개인은 자신과 타인을 구별할 수 있는 일체의 정보인 개인 정보의 원시적 소유자로서 '개인 정보 자기 결정권'을 갖는다.

'개인 정보 자기 결정권'은 자신의 정보가 언제 누구에게 어느 범위까지 알려지고 또 이용되도록 할 것인지를 스스로 결정할 수 있는 권리로서, 정보 주체가 개인 정보의 공개와 이용에 관해 스스로 결정할 권리이다. 개인 정보 자기 결정권은 헌법에 명시되지는 않았지만 사생활의 비밀과 자유(헌법 제17조), 인간의 존엄과 가치 및 행복 추구권(헌법 제10조 1문)에 근거를 둔 일반적 인격권 및 우리 헌법상 자유 민주적 기본 질서 규정, 국민 주권 원리와 민주주의 원리 등을 이념적 기초로 하는 '독자적 기본권'이라 할 수 있다. 개인 정보 자기 결정권의 보호 대상이 되는 개인 정보는 개인의 내밀한 영역이나 사사(私事)의 영역에 속하는 정보에 국한되지 않고, 공적 생활에서 형성되었거나 이미 공개된 개인 정보까지 포함한다(헌법재판소 2005. 5. 26. 99헌마513).

2016년 5월 제정 및 2018년 5월 25일 시행되어 EU 회원국에 직접 적용되는 법규범인 EU의 '일반 데이터 보호 규칙(GDPR, General Data Protection Regulation)'은 정보 주체에게 정보를 제공 받을 권리(Right to be informed, 제13~14조), 열람권(Right of access by the data subject, 제15조), 정정권(Right of rectification, 제16조), 삭제권(Right of erasure, 잊힐 권리 Right to be forgotten, 제17조), 처리에 대한 제한권(Right to restriction of processing, 제18조), 개인 정보 이동권(Right to data portability, 제20조), 반대권(Right to object, 제21조), 프로파일링 등 자동화된 의사 결정(Automated individual decision-making, including profiling, 제22조)을 규정하고 있다. GDPR은 개인 정보 이동권, 처리 제한권, 반대권, 자동화된 의사 결정 관련 권리 등 개인 정보 자기 결정권을 두텁게 보장하면서도 익명 처리(anonymisation)와 구분되는 가명 처리

(pseudonymisation) 개념을 새로 도입해 안전 조치 의무 준수 등 일정 요건 하에서는 빅데이터 분석 및 활용의 유연성 보장을 도모한 것이라고 평가된다(김용대, 2017).

캐나다의 「개인 정보 보호 및 전자 문서법(PIPEDA, Personal Information Protection and Electronic Documents Act)」은 공개된 정보를 개인 정보로 포섭하나, 국가등록부, 법원 기록, 잡지 · 서적 · 신문 등 온 · 오프라인 간행물에 게재된 것은 수집 · 이용 · 공개에 동의가 필요하지 않다고 규정하고 있다. 싱가포르의 「개인 데이터 보호법(Personal Data Protection Act, PDPA)」은 정보 주체의 동의 없이 공개된 개인 정보를 처리하는 것을 허용한다(개인정보보호위원회, 2024).

미국은 아직 연방 차원의 개인정보 보호법이 없는 상태이나 미국 하원은 2022년 6월 「연방 개인정보 보호법안(ADPPA, American Data Privacy and Protection Act)」을 발의한 바 있다. ADPPA는 개인 정보 최소화, 투명성, 민감 정보 수집 시 명시적 동의, 대규모 개인 정보 처리자의 경우 영향 평가를 수행하고 그 결과를 연방거래위원회(FTC, Federal Trade Commission)에 보고하는 등의 내용을 두고 있다. 2024년에는 개인 정보 범위에서 공개된 정보를 제외하는 내용 등을 포함한 「연방 프라이버시 권리법(APRA, American Privacy Rights Act of 2024)」을 공개했다(다만 ADPPA, APRA 모두 아직 제정되지 않은 상태이다)(개인정보보호위원회, 2024).

연방과는 달리 개별 주에서는 개인 정보 보호에 관련된 법 제정이 이루어지고 있다. 2022년 2월 10일 현재 캘리포니아 주, 버지니아 주 등 5개 주에서 개인 정보 보호 관련법이 제정되었고, 하와이 주, 아이오와 주 등 16개 주에서 개인 정보 보호 관련 법률이 발의되었다(한국인터넷진흥원, 2023).

이 중 미국 최초로 포괄적인 소비자의 개인 정보 보호를 규율한 「캘리포니아 소비자 프라이버시법」(CCPA, California Consumer Privacy Act, 2020년 시행)은 소비자에게 공개 청구권, 삭제 청구권, 판매 제외 청구권 등을 인정했고, CCPA를 한층 강화한 「캘리포니아 프라이버시 권리법」(CPRA, The California Privacy Rights Act, 2023년 시행)은 데이터 최소화 원칙, 목적 제한 원칙 등 개인 정보 보호 원칙을 추가하고, 사회보장 번호, 여권 번호, 위치 정보, 유전자 정보 등을 민감 정보로 새로 정의해 엄격하게 보호하며, 정정 요구권, 공유 거부권 등의 소비자 권리를 추가 규정했다. CCPA 및 CPRA는 규모별로 다르지만 모두 영리 사업자에게만 적용된다는 특징이 있다(한국인터넷진흥원, 2020).

우리나라는 각 적용 분야를 규율하는 개별법에서 개인 정보에 관한 규제를 해오다 2020년 데이터 3법(「정보통신망 이용촉진 및 정보 보호 등에 관한 법률」, 「개인정보 보호법」, 「신용 정보의 이용 및 보호에 관한 법률」)을 개정해, 정보통신망 이용 촉진 및 정보 보호 등에 관한 법률상의 개인 정보 보호에 관한 조항들을 모두 「개인정보 보호법」으로 일원화했다(법률 제16930호 「개인정보 보호법」 '제6장 정보통신 서비스 제공자 등의 개인 정보 처리 등 특례' 신설).

현행 「개인정보 보호법」은 드론, 자율주행 자동차 등에 의한 개인 정보 수집을 포섭하기 위해 '이동형 영상 정보 처리 기기' 운영 제한 규정을 마련했고(제2조 제7호의2, 제25조의2), 정보 주체는 '자동화된 결정(인공지능 등 완전히 자동화된 시스템이 개인 정보를 처리해 이루어지는 결정, 단, 「행정기본법」 제20조의 행정청의 자동적 처분은 제외)'에 대해 설명을 요구할 수 있고, 동 결정이 자신의 권리 또는 의무에 중대한 영향을 미치는 경우에는 해당 결정을 거부할 수 있는 권리 등을 신설했다(제4조 제6호, 제37조의2). 동 조는 GDPR 제22조의 '프로파일링을 포함한 자동화된 개별 의사 결정 조항(Automated individual decision-making, including profiling)'을 참고한 것인데, 인공지능 학습에 의한 개인 정보 수집 · 이용을 명확히 포섭하기 위해 특히 '완전히' 자동화된 시스템을 정의한 것으로 볼 수 있다.

인공지능 교육과 학생 개인 정보

정부는 2023년 디지털 기반 교육 혁신 방안에서 '단 한 명의 학생도 놓치지 않는 개인별 맞춤 학습'을 목표로 인공지능 디지털교과서를 초 · 중등 교육 과정에 도입할 것을 밝힌 바 있다. 이러한 개인별 맞춤 교육을 위해서는 개별 학생의 인적 사항 정보 및 학습 데이터를 포함한 교육 과정과 관련한 학생 개인별 모든 정보를 수집 · 보관 · 이용해야 한다.

교육부에 따르면 인공지능 디지털교과서는 기본적으로 학생의 개인 특성(학적 정보, 사회 · 문화적 배경, 정서 및 심리), 학업 성취(단원 이해도, 학습 진도율), 메타인지(학습 패턴, 문제 풀이 패턴, 학습 준비, 학습 지속), 학업 흥미(학습 적극성, 주제별 선호도, 학습 집중도)에 관한 데이터들(이상을 총칭해서 이하 '학습 데이터')을 수집 · 분석하고, 그 결과를 학생/교사/학부모 대시보드를 통해 교사에게는 학급별 · 학생별 학업 참여도, 학업 성취, 교과 흥미 현황, 학생별 지원 필요 사항을, 학생에게는 개인별 학습 현황, 본인의 성취 수준, 자신의 수준에 맞는 학습 콘텐츠 및 과제 등을, 학부모에게는 학생의 학업 참여도, 과목별 학업 성취, 교과 흥미 현황, 자녀 지도에 필요한 사항을 추천 · 제공하는 구조로 되어 있다(교육부, 2023).

인공지능 기반 교육 플랫폼 하에서 운용되는 인공지능 디지털교과서는 사용자(교사, 학습자, 학부모, 학교 관계자, 교육 기관)가 상호작용할 때마다 메타데이터가 생성되고 기록되며, 생성된 메타데이터를 분석하고 해석해 학습자별 맞춤 학습을 제공한다.

인공지능 보조 교사는 학습 데이터를 실시간으로 수집 · 분석해 학생별로 진단을 내린다. 교사는 학생의 학습 상황뿐 아니라 학생의 학습에 대한 감정상태도 제공받는다(한국교육학술정보원, 2023).

인공지능 튜터는 학생 개개인의 학습 내역 등 데이터를 실시간으로 수집 · 분석하고, 이를 기반으로 학생 개인이 부족한 부분을 개별적으로 보완하는 피드백을 제공하는 방식으로 수업을 진행한다. 인공지능 디지털교과서 개발사는 인공지능 디지털교과서에서 발생하는 학습 데이터를 인공지능 디지털교과서 포털에서 통합 대시보드로 구성하기 위해 필요한 데이터셋으로 가공해 전송한다.

학생 정보 제공 동의권

학습 데이터는 학생별 개인 정보로서, 이를 수집 · 기록 · 저장 · 보유 · 가공 · 검색 · 이용 · 제공하는 것은 「개인정보 보호법」상의 '처리'(제2조 제2호)에 해당한다. 원칙적으로 정보 주체인 학생의 동의(제15조 제1항 제1호)를 받아야 하는 것이다(만 14세 미만 학생인 경우에는 법정 대리인의 동의 필요, 제22조의2 제1항). 이 중 인적 사항, 학적 사항, 학업 성취도, 출결 상황, 교과 학습 발달 사항, 행동 특성 및 종합 의견은 「초 · 중등교육법」 제25조 제1항에서 정한 '학교생활기록'으로서 학교의 장은 동 법 제30조의6 제1항 제1호 내지 제6호에 해당하지 않는 한 해당 학생 – 미성년자(19세 미만)인 경우에는 학생과 학생의 부모 등 보호자 – 의 동의 없이 이를 제3자에게 제공할 수 없다(「초 · 중등교육법」 제30조의6 제1항).

한편 디지털 기반 교육 혁신 방안은 인공지능 디지털교과서를 발행사가 단독 개발하거나 에듀테크 업체와 협업해 개발하는 등 에듀테크 업체와의 협업을 예정하고 있는 바(교육부, 2023) 인공지능 디지털교과서를 구현하기 위해 학교생활기록(「초·중등교육법」 제25조), 인공지능 교육 과정에서 발생할 수 있는 사생활 정보, 생체 정보 등 학습 데이터의 전부 또는 일부가 민간 기업인 에듀테크 기업에게 제공될 가능성이 있다 이영호, 김한성(2023).

이 경우, 19세 미만인 학생의 학교생활기록을 제3자에 제공하는 경우에는 학생 및 부모 등 보호자 양자의 동의가 모두 필요(「초·중등교육법」 제30조의6 제1항)한데 반해, 학교생활기록 이외의 학습 데이터 등 학생 개인 정보에 대해서는 학생이 만 14세 이상인 경우에는 학생의 동의만으로, 만 14세 미만인 경우에는 법정 대리인의 동의만이 필요하다(「개인정보 보호법」 제15조 제1항 제1호, 제22조의2 제1항).

그러나 현실적으로 인공지능 디지털교과서 교육 과정상 발생·관리·보관하는 학습 데이터 중 학교생활기록과 그 이외의 학생 개인 정보를 물리적으로 구분해 보관·관리하는 것이 명확하지 않을 뿐 아니라 이를 구분해 동의권자를 달리할 이유도 없다. 인공지능 디지털교과서 교육 과정을 운용·시행하게 되는 경우 이에 관한 입법 정비가 필요하다.

학생 개인 정보 정정 · 삭제 요구권

정보 주체는 개인 정보 처리자가 처리하는 자신의 개인 정보에 대한 열람을 해당 개인 정보 처리자에게 요구할 수 있다(「개인정보 보호법」 제35조 제1항). 이를 열람한 정보 주체가 그 정정 또는 삭제를 요구한 경우 개인 정보 처리자는 정정 · 삭제 등 필요한 조치를 해야 하고(제36조 제2항, 제1항), 이를 하지 아니한 경우 3,000만 원 이하의 과태료 부과(제75조 제2항 제22호) 및 더 나아가 동 조치를 하지 아니하고 개인 정보를 계속 이용하거나 제3자에 제공한 자는 2년 이하의 징역 또는 2천만 원 이하의 벌금에 처해진다(제73조 제1항 제1호).

따라서 정보 주체인 학생이 자신의 학습 데이터 열람을 요구한 경우, 그것이 성적 평가 또는 입학자 선발 업무, 학력 · 기능 및 채용에 관한 시험, 자격 심사에 관한 업무로서 열람을 허용하는 경우 위 업무에 중대한 지장을 초래하는 경우(「개인정보 보호법」 제35조 제4항 제3호 나목, 다목)에 해당하지 아니하는 한 해당 정보를 학생이 열람할 수 있도록 해야 하고(제35조 제3항), 이를 열람한 학생이 그 정정 또는 삭제를 요구한 경우 원칙적으로 정정 · 삭제 등 필요한 조치를 해야 한다(제36조 제2항). 다만 「초 · 중등교육법」 제25조에서는 인적 사항, 학적 사항, 출결 사항 등의 학교생활기록의, 「학교보건법」 제7조의3에서는 건강검사 기록의 수집 근거를 정하고 있으므로, 학생은 그 삭제를 요구할 수 없다 할 것이다(「개인정보 보호법」 제36조 제1항).

결국 학교생활기록, 건강 검사 기록 및 열람 허용 시 성적 평가 또는 입학자 선발 업무, 학력 · 기능 및 채용에 관한 시험, 자격 심사 업무에 중대한 지장을 초래하는 것 이외의 학습 데이터에 관해 학생은 언제든지 그 정정 및 삭제를 요구할 수 있고, 이를 이행하지 않는 경우 과태료 등의 제재가 부과될 수 있을 것이다.

학생 자신의 학습 데이터를 위 제한된 범위 내이지만 언제든지 정정 · 삭제를 요구할 수 있도록 해 학생의 개인 정보 자기 결정권을 견고히 인정할 필요성을 부인할 수 없다. 그러나 다른 한편 인공지능 디지털교과서 학습 과정에서 누적 발생하는 학습 데이터는 국가가 교육 과정에서 관리해야 하는 자원인 점, 동 학습 데이터는 생애주기 전반에 걸친 교육 데이터와 연계해 국가 학업 성취도 등 다양한 평가 결과와 연계 분석 가능하도록 설계될 예정인 점(교육부, 2023), 학습 데이터 중 학교생활기록,

건강 검사 기록 및 성적 평가 또는 입학자 선발 업무, 학력 · 기능 및 채용에 관한 시험, 자격 심사에 관한 업무로서 열람 허용 시 그 업무에 중대한 지장을 초래하는 경우에 해당하는 데이터와 그 이외의 데이터의 구분이 항상 명확하다고 볼 수 없는 점 등을 고려할 때 학생이 언제든지 정정 · 삭제를 요구할 수 있는 학습 데이터의 범위 및 요건을 달리하는 입법 보완을 고려할 필요가 있다.

학생 개인 정보 국외 이전

개인 정보 처리자는 정보 주체의 별도 동의를 얻은 경우 개인 정보를 국외로 제공(조회되는 경우 포함) · 처리 위탁 · 보관(이하 총칭하여 '이전')할 수 있다(「개인정보 보호법」 제28조의8 제1항 제1호). 이에 따르면 학생의 동의(만 14세 미만인 경우에는 법정대리인의 동의)만 있으면 개인 정보 처리자는 학습 데이터를 국외로 이전할 수 있다고 볼 수 있다. 물론 교육부는 학습 데이터 등 학생 개인 정보를 해외에 이전되지 않도록 기술 조치를 취할 것을 인공지능 디지털교과서 개발 가이드라인에 명시했으나, 이를 떠나 학생 개인 정보에 관해서는 이를 법령으로 명확히 제한할 필요가 있다. 적어도 초 · 중등 학생들의 정규 학습 과정에서 이용 · 수집된 학습 데이터에 관해서는 일반 개인 정보의 국외 이전에 관해 정한 「개인 정보 보호법」 제28조의8에서 정한 요건 이상의 엄격한 요건을 별도로 법정할 필요가 있다고 본다.

학생의 마이데이터 정보 이동권

정보 주체는 개인 정보 처리자에 대해 개인 정보를 자신에게 전송할 것을 요구할 수 있다(소위 '마이데이터 정보 이동권', 「개인정보 보호법」 제35조의2 신설, 시행일 미지정). 개인 정보에 관한 정보 주체의 수동적 지위를 넘어 개인 정보 처리자에게 자신의 정보 전송을 적극적으로 요구하는 보다 주체적인 지위를 인정한 것이다. 이는 GDPR 제20조의 개인 정보 이동권(Right to data portability)을 참고한 것으로, 「신용 정보의 이용 및 보호에 관한 법률」 제33조의2(개인 신용 정보의 전송 요구), 「전자정부법」 제43조의2(정보 주체 본인에 관한 행정 정보의 제공 요구권)에서도 유사한 규정을 두고 있다. 「개인정보 보호법」상 전송 요구권(제35조의2)이 시행된다면 학생은 인공지능 디지털교과서 교육 과정을 통해 수집된 학습 데이터를 자신에게 전송해 줄 것을 요구할 수 있을 것이다(단, 수집한 개인 정보를 기초로 분석 · 가공해 별도로 생성된 정보 제외, 제35조의2 제1항 제2호).

한편 학습 데이터 중 '전자적 방식으로 처리되어 부호, 문자, 음향, 영상 등으로 표현된 것'은 「전자정부법」상 '행정 정보'에 해당한다(「전자정부법」 제2조 제6호). 이 경우 학생은 학교의 장에게 학생 본인에 관한 증명 서류 또는 구비 서류 등의 행정 정보를 다른 학교, 은행 등에 제공할 것을 요구할 수 있고(동 법 제43조의2 제1항), 이 경우 학교의 장은 성적 평가 또는 입학자 선발 업무, 학력 · 기능 및 채용에 관한 시험, 자격 심사에 관한 업무에 중대한 지장을 초래하는 경우에 해당하지 아니하는 한 이를 지체 없이 제공해야 한다(「전자정부법」 제43조의2 제4항, 「개인정보 보호법」 제35조 제4항 제3호 나목, 다목). 이에 따르면 '학습 데이터 중 학생 본인에 관한 증명 서류 또는 구비 서류 등 전자적 방식으로 처리되어 부호, 문자, 음향, 영상 등으로 표현된 개인 정보'를 제공할 것을 요구하는 경우에는 「전자정부법」 제43조의2에 따라, 그 이외의 개인 정보를 전송할 것을 요구하는 경우에는 「개인정보 보호법」 제35조의2에 따라 요구할 수 있다. 또한 전송을 요구할 수 있는 제3자의 범위도 '학습 데이터 중 학생 본인에 관한 증명 서류 또는 구비 서류 등 전자적 방식으로 처리되어 부호, 문자, 음향, 영상 등으로 표현된 개인 정보'(「전자정부법」 제43조의 2 제1항 각호)와 그 이외의 개인 정보(「개인정보 보호법」 제35조의 2 제2항 각호)가 서로 다르다.

그러나 학습 데이터 중 '학생 본인에 관한 증명서류 또는 구비 서류 등 전자적 방식으로 처리되어 부호, 문자, 음향, 영상 등으로 표현된 개인 정보'와 그 이외의 것을 구분해 정보 주체인 학생의 전송 요구권을 이원화해 인정할 특별한 이유가 없어 보인다. 이는 「개인정보 보호법」이 개인 정보에 관한 일반법으로서, 개인 정보에 관해 다른 법률에 특별한 규정이 있는 경우 그에 따르도록 하고 있기 때문인데(제6조 제1항) 학습 데이터에 관해 위와 같이 이분해 이를 규율할 특별한 이유를 찾기 어렵다. 애초에 「개인정보 보호법」과 「전자정부법」이 학습 데이터의 내용과 성질을 고려해 이를 이원화한 것이라고 보기도 어렵다. 인공지능 교육에 관한 별도의 법률로 초 · 중등 인공지능 정규 교육 과정에서 발생하는 학습 데이터에 관한 마이데이터 정보 이동권에 관해서는 통일적으로 관리 · 규율할 것을 고려할 필요가 있다.

학생의 자동화된 결정 거부권

「개인정보 보호법」은 자동화된 결정이 자신의 권리 또는 의무에 중대한 영향을 미치는 경우에는 동 결정을 거부할 수 있다고 정하고 있다(제37조의2 제1항). 인공지능 기술을 적용한 시스템인 인공지능 디지털교과서가 학생 개인 정보를 처리해 이루어지는 결정은 「개인정보 보호법」상 '자동화된 결정'에 해당하므로 동 결정이 학생의 권리 또는 의무에 중대한 영향을 미치는 경우 학생은 원칙적으로 동 결정을 거부할 수 있다 할 것이다(제37조의2 제1항, 제15조 제1항 제1호). 다만 인공지능 디지털교과서가 수집하는 학생 개인 정보에 대해서는 학생 동의를 얻어 수집될 예정이므로 동 조항이 적용될 여지는 거의 없을 것으로 보인다. 그렇다면 자동화된 결정이 학생의 권리 · 의무에 대해 '중대한' 영향을 미치는 경우임에도 불구하고 학습 데이터 수집에 동의를 받았다는 이유로 언제나 동 결정을 거부할 수 없다고 해야 할 것인지는 의문이다. 인공지능 디지털교과서가 학생의 권리 · 의무에 중대한 영향을 미치는 자동화된 결정이 존재하지 아니하도록 운용하는 것은 물론, 적어도 법령의 차원에서는 그것이 학생의 권리 · 의무에 '중대한' 영향을 미치는 경우에 관해서는 일정한 요건 하에서 동 결정을 거부할 수 있는 입법 보완이 필요하다고 보인다.

학생에 대한 부적절한 정보 차단

정보 통신 서비스 제공자는 만 14세 미만의 아동에게 문자 · 음성을 이용해 사람과 대화하는 방식으로 정보를 처리하는 시스템을 기반으로 하는 정보 통신 서비스를 제공하는 경우에는 그 아동에게 부적절한 내용의 정보가 제공되지 아니하도록 노력해야 한다(「정보통신망 이용 촉진 및 정보 보호에 관한 법률」 제44조의8) 그러나 생성형 인공지능기술이 적용되는 인공지능 디지털교과서에 관해 만 14세 미만의 학생에게만 동 조항을 적용해야 할 합리적 이유가 없다. 동 조항이 비록 선언적인 노력 의무를 정한 것에 불과하기는 하지만 생성형 인공지능을 활용한 인공지능 정규 교육 과정에 있는 모든 초 · 중등학생에 대해 확장 적용되도록 별도 규정을 둘 필요가 있다.

인공지능 교육상 학생 정보 보호에 관한 입법 정비

우리는 인공지능 디지털교과서를 이용한 인공지능 교육을 목전에 두고 있지만 학생 개인 정보에 관해 「개인정보 보호법」, 「전자정부법」, 「정보통신망 이용촉진 및 정보 보호 등에 관한 법률」 등이 그 규율 범위를 일부 달리하거나 혼용되고 있다. 최근(2025년 1월 21일) 「인공지능 발전과 신뢰 기반 조성 등에 관한 기본법」이 국회를 통과해 2026년 1월 22일 시행될 예정이지만 동 법에도 위 사항들에 관한 규정을 별도로 두고 있지 아니한 바, 인공지능 교육상 학생 개인 정보에 관해서는 특례 규정 또는 별도의 입법으로 보완하는 등의 입법 정비가 필요하다. 할 것이다.

참고문헌

개인정보보호위원회(2024). 인공지능 개발 · 서비스를 위한 공개된 개인 정보 처리 안내서.

교육부(2023). AI 디지털교과서 추진방안(안).

김용대(2017). 인공지능과 개인 정보, 2017 NAVER Privacy White Paper.

이영호 · 김한성(2023). 초 · 중등교육 내 생성형 인공지능 도입을 위한 법률적 이슈 탐색 – 디지털 기반 교육 혁신 방안 정책을 중심으로 –. ≪컴퓨터교육학회 논문지≫, 26(5), 129–138쪽.

한국교육학술정보원(2023). AI 디지털교과서 개발 가이드라인.

한국인터넷진흥원(2020). 미국 캘리포니아주 프라이버시 권리법 제정 배경 및 주요 내용.

한국인터넷진흥원(2023). 개인 정보 보호 월간동향분석 제2호.

09
「인공지능 발전과 신뢰 기반 조성 등에 관한 기본법」과 인공지능 교육

「인공지능 발전과 신뢰 기반 조성 등에 관한 기본법」은 인공지능을 포괄 규율하는 우리나라 최초의 법률이다. 인공지능 기본 계획 수립, 국가인공지능위원회 설치, 인공지능정책센터 지정, 인공지능안전연구소 운영 등 인공지능 거버넌스 체계와 함께 인공지능의 안전성, 신뢰성, 투명성 확보를 위한 제도적 기반을 마련했다. 교육 분야에서는 학생 평가에 활용되는 인공지능을 '고영향 인공지능'으로 지정했다. 교육의 공공성과 민주성을 고려해 인공지능 교육의 별도 입법 보완이 필요하다.

AI와 화장품?

「인공지능 발전과 신뢰 기반 조성 등에 관한 기본법」

우리나라에서 인공지능 내지 인공지능 기술에 관한 개념을 법제에 도입하기 시도한 것은 얼마 되지 않았을 뿐 아니라 최근까지 이를 독립된 법적 개념이 아닌 여러 첨단 정보 기술 중 하나로 인식해 왔다. 우리나라는 「국가정보화기본법」에서 명칭을 바꾸어 2021년 7월 20일 타법 개정된 「지능정보화기본법」에서 '전자적 방법으로 학습 · 추론 · 판단 등을 구현하는 기술', '데이터(부호, 문자, 음성, 음향 및 영상 등으로 표현된 모든 종류의 자료 또는 지식을 말한다)를 전자적 방법으로 수집 · 분석 · 가공 등 처리하는 기술'을 '지능 정보 기술'이라는 개념 중 일부로 포섭(「지능정보화기본법」 제2조 4호 가목, 나목)하는 방법으로 '인공지능' 및 '인공지능기술'에 관한 개념을 법제에 도입했다고 볼 수 있다.

21대 국회(2020.5.30~2024.5.29)에서 인공지능 교육 기반의 제도화를 시도한 법안으로는 2021년 2월 26일 발의된 「교육정보화 기본법안」(김병욱 의원 등 10인, 의안번호 2108419)이 있었다(제안이유: "인공지능, 빅데이터 등 정보 통신 기술로 인한 급속한 환경 변화에 적극 대응해 교육 정보화에 관한 범국가적 추진 체계를 정립하고자 한다"). 이외에도 「인공지능 교육 진흥법안」, 「한국 인공지능 · 반도체 공과대학교 법안」 등이 발의된 바 있으나 모두 국회 임기 만료로 폐기된 바 있다.

2024년 5월 30일 출범한 22대 국회에서는 2024년 5월 31일 「인공지능 산업 육성 및 신뢰 회복에 관한 법률안」(안철수 의원 등 12인, 의안번호 2200053)이 발의된 이래 2024년 11월 18일 「인공지능 산업 육성 및 발전 등에 관한 법률안」(정희용 의원 등 16인, 의안번호 2205648)까지 총 19건의 인공지능 관련 법안이 발의된 바 있고, 위 19건의 법률안을 통합 · 조정해 정보통신방송법안심사소위원회가 마련한 대안을 위원회 안으로 해 2025년 1월 21일 「인공지능 발전과 신뢰 기반 조성 등에 관한 기본법」이 제정되기에 이르렀다. 이로써 우리나라는 인공지능을 포괄적으로 규율하는 법률을 갖게 되었다(2026년 1월 22일 시행, 다만, 제2조 제4호 라목 중 디지털 의료 기기에 관한 부분은 2026년 1월 24일부터 시행).

「인공지능 발전과 신뢰 기반 조성 등에 관한 기본법」은 인공지능의 건전한 발전과 신뢰 기반 조성에 필요한 기본적인 사항을 규정함으로써 국민의 권익과 존엄성을 보호하고, 국민의 삶의 질 향상과 국가 경쟁력을 강화하는 데 이바지함을 목적으로 한다(제1조). 동 법은 인공지능의 건전한 발전과 신뢰 기반 조성을 위한 추진을 위한 체제로 인공지능 기본 계획 수립(제6조), 국가인공지능위원회 설치(제7~제10조), 인공지능정책센터 지정(제11조), 인공지능안전연구소 운영(제12조)에 관한 근거를 두었다.

과학기술정보통신부장관은 3년마다 '인공지능 등(인공지능, 인공지능 기술, 인공지능 산업 및 인공지능 사회를 총칭)'에 관한 정책의 기본 방향과 전략 사항, 인공지능 전문 인력 양성 및 인공지능 개발 · 활용 촉진 기반 조성 등에 관한 사항, 인공지능 윤리 확산 등에 관한 '인공지능 기본 계획'을 수립 · 변경 및 시행해야 하고(제6조), 위 인공지능 기본 계획은 대통령 소속의 국가인공지능위원회의 사전 심의 · 의결을 거쳐 수립 · 변경 및 시행되어야 한다(제7조). 과학기술정보통신부장관은, 인공지능 관련 정책 개발과 국제 규범 정립 · 확산에 필요한 업무 수행을 위해 '인공지능정책센터'를 지정할 수 있으며, 인공지능 안전(인공지능과 관련해 발생할 수 있는 위험으로부터 국민의 생명 · 신체 · 재산 등을 보호하고 인공지능 사회의 신뢰 기반을 유지하기 위한 상태)을 위한 업무를 수행하기 위해 '인공지능안전연구소'를 운영할 수 있다(제12조).

동 법은 '인공지능'을 '학습, 추론, 지각, 판단, 언어의 이해 등 인간이 가진 지적 능력을 전자적 방법으로 구현한 것'(제2조 1호)으로, '생성형 인공지능'을 '입력한 데이터(「데이터 산업 진흥 및 이용 촉진에 관한 기본법」 제2조 제1호에 따른 데이터)의 구조와 특성을 모방해 글, 소리, 그림, 영상, 그 밖의 다양한 결과물을 생성하는 인공지능 시스템'(5호)으로, '고영향 인공지능'을 '사람의 생명, 신체의 안전 및 기본권에 중대한 영향을 미치거나 위험을 초래할 우려가 있는 인공지능 시스템으로서 에너지의 공급, 먹는 물의 생산 공정, 보건 의료의 제공 · 이용 체계의 구축 및 운영 등 동 법 제2조 제4호 각 목의 영역에서 활용되는 것'으로 각 정의했다.

「인공지능 발전과 신뢰 기반 조성 등에 관한 기본법」은 인공지능 시대에 대응하기 위한 국가적 차원의 기본 법제를 마련했다는 점에서 중요한 의의를 가진다.

첫째, 「인공지능 발전과 신뢰 기반 조성 등에 관한 기본법」은 인공지능 정책의 법적 근거를 정면으로 마련한 최초의 법률이라고 할 수 있다. 이 법은 인공지능 발전에 관한 국가의 기본 정책과 추진 체계를 명확히 하고, 관련 정책의 수립과 시행에 필요한 사항을 규정하고 있다. 특히 정부가 3년마다 인공지능 기본 계획을 수립하도록 해

체계적이고 지속적인 정책 추진을 가능하게 했다.

둘째, 이 법은 인공지능의 안전성 · 신뢰성 · 투명성 확보를 위한 제도적 기반을 마련했다. 안전성 · 신뢰성 확보를 위한 법령 · 제도 정비, 검 · 인증 등 지원, 인공지능 개발 가이드라인 보급 등에 관한 규정을 통해 인공지능의 잠재적 위험을 최소화하고, 신뢰할 수 있는 인공지능 개발 · 활용의 토대를 마련했다. 또한 생성형 인공지능 표시 의무, 고영향 인공지능이나 생성형 인공지능 사전 고지 의무 등으로 인공지능의 투명성을 제고했다.

셋째, 인공지능 산업 발전과 경쟁력 강화를 위한 지원 근거를 마련했다. 인공지능 기술 표준화, 학습용 데이터 시책 수립, 전문 인력 양성 · 지원, 해외 시장 진출 지원 정책의 근거를 제시함으로써 인공지능 산업의 발전을 촉진할 수 있게 되었다.

넷째, '고영향 인공지능'을 정의하고 인공지능 사업자의 사전 검 · 인증(제30조 제3항), 국가 기관이 검 · 인증 받은 인공지능 제품 또는 서비스를 우선 고려할 의무(제30조 제4항), 인공지능 사업자의 사전 고지 의무(제31조 제1항), 사전 검토 의무(제33조), 안전성 · 신뢰성 확보를 위한 위험 관리 방안의 수립 · 운영, 설명 방안 수립 · 시행, 사람의 관리 · 감독, 문서 작성과 보관 등 조치 의무(제34조 제1항), 영향 평가(제35조 제1항) 노력에 관해 정했다. 이는 규율 범위에 차이는 있으나 유럽연합의 「인공지능법(Regulation EU 2024/1689 of the European Parliament and of the Council of 13 June 2024 laying down harmonised rules on artificial intelligence and amending Regulations. Artificial Intelligence Act)」에서 정한 '고위험(high-risk) 인공지능'에 대한 규율을 참조한 것으로 볼 수 있다.

다섯째, 인공지능 정책 추진을 위한 거버넌스 체계를 구축했다. 대통령을 위원장으로 하는 국가인공지능위원회 설치, 인공지능정책센터, 인공지능안전연구소 설립을 통해 범정부 차원의 정책 조정과 추진이 가능하게 되었다.

「인공지능 발전과 신뢰 기반 조성 등에 관한 기본법」의 제정은 우리나라가 인공지능 강국으로 도약하기 위한 중요한 제도적 기반이 될 것으로 기대된다. 다만 이 법이 실효성을 가지기 위해서는 하위 법령의 체계적 정비와 함께 실질적인 정책 추진이 뒷받침되어야 할 것이다.

「인공지능 발전과 신뢰 기반 조성 등에 관한 기본법」과 인공지능 교육

2025년 도입 예정이었던 인공지능 디지털교과서는 대화형 인공지능 기술을 적용해 인공지능 튜터링, 인공지능 기반 코스웨어(courseware)를 활용한 맞춤 학습, 인공지능 보조 교사 등의 기능을 제공한다. 이러한 기술은 발행사가 단독으로 개발하거나 에듀테크 업체와 협업해 개발할 예정이다(교육부, 2023).

「인공지능 발전과 신뢰 기반 조성 등에 관한 기본법」(이하 「인공지능기본법」)상 인공지능 디지털교과서에 적용되는 인공지능 기술을 개발하는 '에듀테크 업체' 및 인공지능 디지털교과서를 단독 또는 에듀테크 업체와 협업해 개발하는 '발행사'는 '인공지능 개발 사업자'에, 인공지능 디지털교과서를 제공하는 '발행사'는 '인공지능 이용 사업자'에 해당하게 될 것이다(「인공지능기본법」 제2조 제7호).

따라서 인공지능 디지털교과서 발행사 및 에듀테크 업체는 「인공지능기본법」상 인공지능 사업자에 부과되는 각종 의무를 준수해야 한다. 인공지능 디지털교과서 발행사 및 에듀테크 업체가 질문에 따른 결과물을 산출해 내는 생성형 인공지능을 도입하는 경우, 인공지능 디지털교과서 이용자인 선생님과 학생 등에게 그 결과물이 생성형 인공지능을 이용해 나오는 것이라는 사실을 사전에 알려야 하고(제31조 제1항) 그 결과물이 생성형 인공지능에 의해 생성되었다는 것을 표시해야 한다(제31조 제2항). 또한 인공지능 디지털교과서의 활용 과정에서 가상의 음향, 이미지, 영상 등의 결과물이 제공되는 경우, 그 사실을 학생이나 선생님이 명확히 인식할 수 있는 방식으로 표시해야 한다(제31조 제3항). 학습에 사용된 누적 연산량이 대통령령으로 정하는 기준 이상인 경우에는, 위험 식별 · 평가 및 완화, 인공지능 관련 안전사고 모니터링 및 대응하는 위험 관리 체계를 구축하고, 그 이행 결과를 과학기술정보통신부장관에게 제출해야 한다(제32조 제1,2항).

교육부장관은 학교에 재학 중인 학생을 대상으로 학업 성취도를 측정하기 위한 평가를 할 수 있다(「초 · 중등교육법」 제9조 제1항). 질병 · 발육 상태 등 부득이한 사유로 취학 의무를 면제 내지 유예받은 의무 교육 대상자가 다시 취학하기 위해서는 학습 능력을 평가받아야 한다(동 법 제14조). 학교의 장은 학생의 학업 성취도뿐 아니라 인성(人性) 등을 종합적으로 평가해 학생 지도 및 상급 학교 학생 선발에 활용할 수 있는 학교생활기록

등을 작성 · 관리해야 하는데 교과 학습 발달 상황뿐 아니라 행동 특성도 평가 대상이다(「초 · 중등교육법」 제25조 제1항, 동 시행규칙 제21조 제1항).

「인공지능기본법」은 '사람의 생명, 신체의 안전 및 기본권에 중대한 영향을 미치거나 위험을 초래할 우려가 있는 인공지능 시스템으로서 「교육기본법」 제9조 제1항에 따른 유아 교육 · 초등 교육 및 중등 교육에서의 학생 평가에 활용되는 인공지능'(제2조 제4호 차목, 이하 '학생 평가')을 '고영향 인공지능'으로 정의하고 일정한 규제를 가하고 있는데, 「인공지능기본법」 제2조 제4호 차목의 '학생 평가'는 학업 성취도 내지 학습 능력 평가에 한하지 아니하며 학생의 행동 특성, 인성 등 무형적 · 정성적 평가를 포함한다. 따라서 실제로 학교 현장에서 인공지능을 활용해 학생을 평가하는 경우, 평가 대상이 학업 성취도이든 행동 특성이든 이에 활용되는 인공지능은 모두 「인공지능기본법」상 '고영향 인공지능'에 대해 적용되는 규제를 받아야 한다.

따라서 학생 평가에 활용되는 모든 데이터를 수집, 학습, 활용하는 인공지능을 활용하는 발행사 또는 에듀테크 업체는, 사전에 해당 인공지능이 고영향 인공지능에 해당하는지 검토(제 33조 제1항)하고, 사람의 기본권에 미치는 영향 평가(제35조 제1항) 및 인공지능의 안전성 · 신뢰성 확보를 위한 검 · 인증 등을 사전에 받도록 노력해야 하며(제30조 제1항, 제3항), 인공지능으로 학업 발달 수준, 행동 특성 등을 평가한다는 사실을 학생 등 이용자에게 사전에 고지해야 하고(제31조 제1항), 위험 관리 방안의 수립 · 운영, 인공지능이 도출한 최종 결과와 이에 활용된 주요 기준 및 인공지능 개발 · 활용에 사용된 학습용 데이터의 개요 등에 대한 설명 방안의 수립 · 시행, 이용자 보호 방안 및 사람의 관리 · 감독, 안전성 · 신뢰성 확보 조치 내용을 확인할 수 있는 문서의 작성과 보관 등에 관한 조치를 취해야 한다(제34조 제1항).

다만 동 법은 인공지능 사업자가 제4장의 인공지능 윤리 및 신뢰성 확보를 위한 각종 의무를 위반한 경우에 관해 형사 처벌 조항을 두지 않고 행정 제재로서 3000만 원 이하의 과태료를 부과한다. 즉, 과학기술정보통신부장관은 인공지능 사업자가, 고영향 인공지능이나 생성형 인공지능에 기반해 운용한다는 사실을 이용자에게 사전 고지(제31조 제1항)하지 않거나, 이용자 수, 매출액 등 대통령령으로 정하는 기준 이상으로서 국내에 주소 또는 영업소가 없는 인공지능 사업자가 국내 대리인을 지정(제36조 제1항)하지 아니한 경우, 3천만 원 이하의 과태료를 부과한다. 그 밖의 의무 위반(제31조 제2항 및 제3항, 제32조 제1항 및 제2항, 제34조 제1항)의 경우에는, 의무 위반 즉시 과태료를 부과하는 것이 아니라 먼저 과학기술정보통신부장관이 「행정조사기본법」상의 방법 · 절차에 따라 소속 공무원으로 하여금 인공지능 사업자의 사무소 · 사업장에 출입해 서류나 물건을 조사하게 하고, 그 결과 그 위반 사항이 있어 중지 명령이나 시정 명령을 내렸음에도 불구하고 인공지능 사업자가 이를 이행하지 아니한 경우에만 3000만 원 이하의 과태료를 부과한다(제43조).

이와 같이 「인공지능기본법」이 인공지능의 안정성, 신뢰성를 확보하기 위해 둔 각종 의무 사항을 위반하더라고 형사 처벌 조항은 두지 않고 3000만 원 이하의 과태료로 그 의무 준수를 담보하는 방식을 취하되, 대부분의 의무 사항(제31조 제2항 및 제3항의 고지 내지 표시 의무, 제32조 제1항 및 제2항의 안전성 확보 의무, 제34조 제1항의 고영향 인공지능 사업자의 책무)에 관해서도 먼저 과학기술정보통신부장관이 사실 조사 후 중지 명령 · 이행 명령의 행정 처분을 통해 위반 사항 치유를 유도하고, 이를 이행하지 아니한 경우에만 과태료를 부과하는 것은, 동 법이 아직 초기 단계에 있는 우리 인공지능 산업 발전에 큰 장애가 없는 범위에서 인공지능의 안정성, 신뢰성을 담보하려는 취지로 볼 수 있다.

「인공지능기본법」은 우리나라의 '인공지능 등'에 관련한 모든 분야(단, 국방 또는 국가안보 부문 제외, 제4조 제2항)에 적용되는 포괄법이라 할 수 있다. 따라서 「인공지능기본법」은 '인공지능 등'이 관련된 교육 부문에도 전면 적용된다.

그런데 교육은 단순한 지식 전달을 넘어서 공공의 이익과 민주주의 발전에 기여해야 하는 영역이다. 교육에 관한 준헌법이라 할 수 있는 「교육기본법」은, "학교는 공공성을 가지며"(「교육기본법」 제9조 제2항), "교육은… 민주시민으로서 필요한 자질을 갖추게 함으로써… 민주국가의 발전… 에 이바지하게 함을 목적으로 한다"(「교육기본법」 제2조)고 규정해 교육의 공공성과 민주성을 확인하고 있다.

「인공지능기본법」은 교육 관련 인공지능 중에서 '「교육기본법」 제9조 제1항에 따른 유아 교육 · 초등 교육 및 중등 교육에서의 학생 평가'에 활용되는 인공지능에 관해서만 '고영향 인공지능'에 포함했으므로(제2조 제4호 차목), 교육 활동에 관련된 '인공지능 등' 중 위 학생 평가와 관련된 '인공지능 등'만 동 법 제31조, 제33조 내지 제35조 등의 정한 의무를 부담하고 규제를 받는다. 따라서 동 법에 따라 위 학생 평가 부문 이외의 교육 활동에 관해서는 고영향 인공지능에 관한 의무 부담 및 규제를 받지 않아도 된다는 것인데 다른 산업분야와 달리 헌법상 공공성, 민주성을 갖는 교육 전 부문에 관해서도 타 산업분야와 동일한 선상에서 모든 것을 규율하는 것이 적절한지에 관해서는 의문이 있다.

교육 부문 인공지능에 관해서는 교육의 공공성 · 민주성 등을 고려할 때, 인공지능 교육 거버넌스 및 윤리, 국가와 지방 자치 단체의 책무, 인공지능 교육에 적용되는 인공지능 기술의 투명성 · 안전성 · 신뢰성, 인공지능 리터러시, 인공지능 교육 과정상 TDM 면책 규정 등을 체계적으로 규정한 별도의 입법 보완이 필요할 것이다.

참고문헌

개인정보보호위원회(2024). 인공지능 개발 · 서비스를 위한 공개된 개인 정보 처리 안내서.

김용대(2017). 인공지능과 개인 정보. 2017 NAVER Privacy White Paper.

10
「인공지능 교육 기본법」(안)의 필요성

다수의 법률이 인공지능 교육에 중첩 적용되면서 규제의 사각지대가 존재하는 모순이 발생하고 있다. 기존 「이러닝 산업법」과 「원격 교육법」은 인공지능 시대의 교육을 포괄하기에는 한계가 있으며, 새로 제정된 「인공지능 발전과 신뢰 기반 조성 등에 관한 기본법」 역시 교육 분야의 특수성을 충분히 반영하지 못하는 실정이다. 학생 개인 정보 보호, 저작권 문제, 거버넌스 체계 등 다양한 쟁점들이 존재하는 상황, 교육 본연의 가치에 부합하는 「(가칭) 인공지능 교육 기본법」 또는 「(가칭) 디지털 교육 기본법」의 제정이 필요하다.

종교와 AI?

우리나라의 인공지능 교육 정책과 관련 법제

우리나라의 인공지능 교육은 제4차 산업혁명에 대응하기 위한 국가적 노력의 일환으로 추진되어 왔다. 2019년 12월 정부가 '인공지능 국가전략'을 발표해 초·중·고등학교 인공지능 교육 과정 도입을 공식적으로 언급(관계 부처 합동, 2019)한 이래 2023년 2월 디지털 기반 교육 혁신 방안에서 밝힌 인공지능 디지털교과서 개발, 도입 일정(교육부, 2023)에 따라 2024년 11월 총 76종의 인공지능 디지털교과서 검·인정을 마친 상태이다(교육부 a, 2024). 당초 일정대로 2025년에 초·중등학교에 인공지능 디지털교과서가 도입된다면 공교육에 인공지능 디지털교과서를 전면 도입하는 세계 최초의 사례로 우리나라는 명실상부한 인공지능 교육 시대에 돌입하게 된다.

학교 교육은 사회의 질서 형성에 이바지하는 공적인 제도(헌법재판소 1991. 7. 22. 89헌가106)로서, 국가적 차원에서 관리되는 공공성이 강한 영역이다. 교육은 개인적으로는 미성년자인 학생의 개성 및 진로 형성 등에 결정적인 영향을 미치고, 국가·사회적으로는 민주국가의 발전에 이바지(「교육기본법」 제2조)하는 것으로서, 인공지능 교육을 학교 교육에 전면적으로 실시함에 이를 뒷받침하는 법 제도의 정비는 필수적이라 할 수 있다.

인공지능 교육에서의 인공지능을, '교육의 수단으로서의 인공지능'과 '교육의 대상으로서 인공지능'으로 대별할 수 있지만, '인공지능 교육'을 여기서는 편의상 '초 · 중 · 고등학생을 대상으로 한 인공지능 기술을 활용한 학교 교육'으로 그 의미와 적용 범위를 한정하더라도, 우리 법률상 인공지능 교육에 적용될 수 있는 법률로는, 「교육기본법」, 「초 · 중등교육법」, 「과학 · 수학 · 정보교육 진흥법」, 「지능정보화 기본법」, 「디지털 기반의 원격교육 활성화 기본법」, 「이러닝(전자학습) 산업 발전 및 이러닝 활용 촉진에 관한 법률」, 「개인정보 보호법」, 「저작권법」, 「정보통신망 이용 촉진 및 정보 보호에 관한 법률」, 「소프트웨어 진흥법」, 「공공 데이터의 제공 및 이용 활성화에 관한 법률」, 「산업 디지털 전환 촉진법」, 「데이터 산업진흥 및 이용촉진에 관한 기본법」, 「국가지식정보 연계 및 활용 촉진에 관한 법률」, 「인공지능 발전과 신뢰 기반 조성 등에 관한 기본법」(단, 2026년 1월 22일 시행) 등 상당수다.

정부 각 해당 부처는 위 법률들의 각 규정에 따라 종합계획, 기본 계획 및 관련 시책 등을 수립해 왔다. 정부는 관계 부처 합동으로 2021년 12월 '제4차 이러닝 산업 발전 및 이러닝 활용 촉진 기본 계획 2022~2024년'을, 2023년 4월 '소프트웨어 진흥 전략'(「소프트웨어 진흥법」 제5조)을, 교육부는 2024년 12월 '제2차 정보교육 종합계획(안) 2025～2029년'(「과학 · 수학 · 정보교육진흥법」 제5조 제1항 제1호) 등을 수립, 시행해 왔다.

위 계획 내지 전략 중에는 빠짐없이 인공지능 교육에 관한 사항이 포함되어 있다. '제4차 이러닝 산업 발전 및 이러닝 활용 촉진 기본 계획 2022~2024년'에서는 '개인화 학습을 위한 인공지능 추천 서비스, 인공지능 튜터 서비스를 추진'(관계 부처 합동, 2021)하고, '소프트웨어 진흥 전략'에서는 '정보 과목(SW · AI) 시수를 2배 이상 확대할 예정이며, 교육부와 공동으로 정보 교과서를 개발하고, AI 중심 선도 학교를 2027년까지 1990개까지 확대'(백연식, 2023)하며, '제2차 정보교육 종합계획(안) 2025~2029년'에서는 'AI 디지털교과서를 통해 학생의 학습 수준을 분석하고 맞춤형 코스웨어를 제공해 학생 주도적인 개별화 수업 지원 계획'(교육부b, 2024)을 발표했는데, 인공지능 디지털교과서 등에 관한 정책이 교차 · 중복되는 것을 확인할 수 있다.

동일한 개념에 여러 법률이 중복 적용되기도 한다. 인공지능 디지털교과서를 활용한 교육은 '이러닝(「이러닝 산업법」 제2조 제1호)', '원격 교육(「디지털 기반의 원격 교육 활성화 기본법」 제2조 제3호)', '지능 정보 서비스(「지능 정보화 기본법」 제2조 제7호)', '정보통신 서비스(「정보통신망 이용촉진 및 정보 보호 등에 관한 법률」 제2조 제2호)'에 모두 해당할 수 있고, 인공지능 디지털교과서는 '이러닝콘텐츠(「이러닝 산업법」 제2조 제2호)', '원격 교육콘텐츠 또는 원격 교육데이터(「디지털 기반의 원격 교육 활성화 기본법」 제2조 제4호, 제19조)', '데이터(「데이터산업법」 제2조 제1호)', '소프트웨어(「소프트웨어 진흥법」 제2조 제1호)'에 모두 해당할 수 있다. 인공지능 디지털교과서 운용 과정에서 발생하는 학습 데이터는 '행정정보(「전자정부법」 제2조 제6호)', '개인 정보(「개인정보 보호법」 제2조 제1호)', '국가지식정보(「국가지식정보 연계 및 활용 촉진에 관한 법률」 제2조 제1호)'로 보호되거나 규율될 수 있다.

인공지능 디지털교과서 운용과정에서 발생하는 학생 개인 정보의 운용에 관해서도 혼선이 발생할 수 있다.

학습 데이터를 제3자에 제공하는 경우 학교생활기록(「초 · 중등교육법」 제30조의6 제1항)과 그 이외 학생 개인 정보(「개인정보 보호법」 제15조 제1항 제1호, 제22조의2 제1항)가 각 적용 법률에 따라 동의권자가 다른데

이를 달리할 필연적 이유가 있는지 의문이다. 학교생활기록 이외의 학습 데이터를 학생이 정정 및 삭제를 요구할 수 있는데(「개인정보 보호법」 제36조 제2항) 인공지능 교육의 특성상 별도의 규정이 필요할 수 있다. 「개인정보 보호법」 제35조의2 및 「전자정부법」 제43조의2가 교차 적용되므로 학습 데이터 중 '본인에 관한 증명서류 또는 구비서류 등 전자적 방식으로 처리되어 부호, 문자, 음향, 영상 등으로 표현된 것'과 그 이외의 것을 구분해 학생의 '전송요구권'(마이데이터 정보이동권)이 달리 적용될 수 있는데 이를 이원화할 특별한 이유도 없어 보인다.

「이러닝(전자학습) 산업 발전 및 이러닝 활용 촉진에 관한 법률」은 2022년 6월 10일 법률 제18892호로 '인공지능기술을 활용해 이루어지는 학습'을 '이러닝'의 정의에 추가해 인공지능 교육도 포섭하고자 하나, 동 법은 기본적으로 1990년대 말 인터넷 및 개인용 컴퓨터를 기반으로 하는 일방향 전자학습 산업 발전을 위해 2004년 제정된 법으로 인공지능 디지털교과서 등 인공지능기술을 활용한 교육을 모두 포괄하기에 적절치 않다.

「디지털 기반의 원격 교육 활성화 기본법」은 COVID-19 팬데믹에서 비대면 공교육이 장기화함에 따라 원격 공교육의 근거, 양질의 비대면 교육 및 예산 확보를 위해 제정된 법으로 전면적인 인공지능 디지털교과서 도입 등 인공지능 교육를 모두 뒷받침하기 어렵다.

2021년 10월 19일 제정된 「데이터 산업 진흥 및 이용 촉진에 관한 기본법」은 특히 민간부문의 빅데이터 생산, 거래, 활용 등 빅데이터 산업 진흥을 위한 법제로 인공지능 디지털교과서 학습 과정상 학습 데이터와 관련해 간접적인 법적 근거가 될 수도 있으나, 인공지능 교육에 필수적인 학습 데이터 수집 · 분석 등에도 적용될 수 있는지 불분명하다(제7조).

인공지능이 데이터를 학습하기 위해서는 학습 대상이 되는 데이터에 접근, 추출 및 복제하는 단계, 데이터 마이닝 등의 단계가 필요한데 크롤링한 데이터에 저작물이 포함된 경우 저작권 침해 문제가 발생한다. 인공지능 교육 과정에서 저작물이 포함된 학습 데이터를 이용하게 되는 경우 현재로서는 공정 이용 조항(「저작권법」 제35조의5)의 적용 여부를 검토할 수 있을 것이나 교육의 비영리성 및 법적 안정성 등을 고려할 때 인공지능 교육에 관해서는 명확한 TDM 개별 면책 규정의 도입을 검토할 수 있다.

한편 우리는 위와 같이 인공지능 교육에 관해 다수의

법률을 적용할 수 있는 상황임에도 불구하고 역설적으로 이로 인한 규제의 사각지대도 존재한다. 초・중등학생 개인 정보의 해외 이전에 관한 학생 본인 및 법정대리인의 엄격한 동의 요부 문제(「개인정보 보호법」 제28조의8), 학생의 권리・의무에 대해 '중대한' 영향을 미치는 경우 자동화된 결정에 대한 거부권 부여(제37조의2 제1항), 생성형 인공지능을 활용한 인공지능 디지털교과서 운용시 만 14세 이상의 학생에게도 부적절한 내용의 정보가 제공되지 아니하도록 노력할 의무(「정보통신망 이용 촉진 및 정보 보호에 관한 법률」 제44조의8) 조항이 없는 점 등이 그러하다.

(가칭) 인공지능 교육 기본법 제정의 필요성

생성형 인공지능이 생활 속 깊이 들어오면서 우리도 속히 인공지능에 관한 규제 일반법을 가져야 한다는 욕구가 분출해 2025년 1월 21일 「인공지능 발전과 신뢰 기반 조성 등에 관한 기본법」이 제정되었다. 이는 우리나라 인공지능 규제에 대한 최초의 포괄법으로서 2026. 1. 22. 동 법이 시행되면 인공지능 교육에도 전면 적용된다.

동 법에 따르면 인공지능사업자가 '사람의 생명, 신체

의 안전 및 기본권에 중대한 영향을 미치거나 위험을 초래할 우려가 있는 인공지능 시스템으로서 「교육기본법」 제9조 제1항에 따른 유아교육 · 초등교육 및 중등교육에서의 학생 평가(제2조 제4호 차.목)'에 활용되는 인공지능을 제공하는 경우 사전에 검 · 인증을 받도록 노력해야 한다(제30조 제3항). 그런데 동 법에 따르면 위 검 · 인증 활동 지원 사업을 과학기술정보통신부장관이 추진하게 되어 있는데 교육부문 중에서도 고영향 인공지능에 대한 것인 점 등을 고려하면 과학기술정보통신부장관보다는 교육부 장관이 추진하는 것이 적절할 것이다. 학습에 사용된 누적 연산량이 일정 기준 이상인 경우에는 위험 식별 · 평가 및 완화, 안전사고 모니터링 및 위험관리 체계 구축의 이행 결과 역시 과학기술정보통신부장관(제32조 제1, 2항)이 아닌 교육부 장관에게 제출되도록 하고 교육부가 관리 · 감독하는 것이 나을 것이다. 이상의 예와 같은 인공지능 교육 거버넌스의 중복 · 저촉 가능성은 인공지능 교육 지원 프로세스 혼선, 비효율적 예산 집행, 부처 간 이기주의를 야기할 수 있다.

이렇게 부자연스러운 거버넌스가 나타나는 것은 「인공지능 발전과 신뢰 기반 조성 등에 관한 기본법」이 '인공지능'에 관련되어 있다면 산업 분야나 부문을 가리지 않고 모든 분야에 동일한 기준으로 적용되는 '포괄법' 성격을 띠고 있기 때문이다. 이에 인공지능 교육 부문에는 지금껏 그래왔듯이 기존의 교육 내지 인공지능 관련 법령 또는 「인공지능 발전과 신뢰 기반 조성 등에 관한 기본법」에 인공지능 교육의 특성을 반영한 규정을 추가하는 방법도 고려해 볼 수 있지만, 그보다는 '교육'에 관해서 만큼은 교육 고유의 가치와 특성에 부합하도록 새로운 법률로 인공지능 교육에 관한 일관된 체제를 정립하는 것이 바람직하다. 이를 통해 인공지능 교육 부문에는 교육 본연의 이념은 물론 기존의 교육 관련 법령 환경에 맞는 별도의 거버넌스와 규율이 적용되어야 할 것이다.

이에 인공지능 교육의 공공성, 민주성 및 헌법상 실질적 기회균등 등의 헌법 정신을 명시하고, 인공지능 교육의 정의, 인공지능 교육 윤리, 인공지능 교육 거버넌스, 국가와 지방 자치 단체의 책무, 인공지능 교육 예산 근거, 인공지능 교육 품질 관리와 평가 체계에 관한 사항, 교원 양성, 교사의 수업 자율성, 인공지능 교육 전문 인력 양성과 지원에 관한 사항, 투명성 · 안전성 · 신뢰성에 관한 사항, 영향 평가, 인공지능 리터러시, 인공지능 교육을 위한 데이터 활용의 특례, 인공지능 교육 과정상 저작권 귀속 및 TDM 면책 규정, 국제 협력 등을 포괄하는 '(가칭) 인공지능 교육 기본법'을 제정해 '교육' 본연의 이념과 가치에 맞는 거버넌스 및 규율 체제를 구축하는 것이 바람직할 것이다.

다만 인공지능기술 자체도 하루가 다르게 발전하고 있으며, 증강현실(Augmented Reality, AR), 가상현실(Virtual Reality, VR), 메타버스(Metaverse), 게이미케이션(Gamification), 로봇기술 등 인공지능 기술 이외의 첨단 기술이 인공지능 기술과 결합하거나 독자적으로 교육에 활용될 수 있는 점이 예상되는데 위 기술들이 '디지털'이라는 본질을 공통으로 한다는 점을 고려한다면, 굳이 '인공지능'이라는 명칭에 집착하지 아니하고 '(가칭) 디지털 교육 기본법'을 제정해 인공지능 교육 및 위 첨단 기술교육에 관한 사항을 정하는 장을 따로 두는 방법으로 현재의 인공지능 교육에 관한 사항을 정하는 것도 가능할 것이다.

2010년대 딥 러닝 및 2020년대 생성형 인공지능의 급속한 발전으로 교육에 활용되는 인공지능은 다양한 법제도 전반에 새로운 문제를 불러일으키고 있으며 이를 해결하기 위한 새로운 해석을 요구하고 있는 상황이다. 숨 가쁜 기술 혁신이 교육의 공공성과 민주성이라는 헌법적 가치를 보존하고 교육의 본질적 가치를 제고할 수 있도록 하는 균형 잡힌 접근과 법 제도적 기반을 구축하려는 노력이 필요하다.

'(가칭) 인공지능 교육 기본법' 내지 '(가칭) 디지털 교육 기본법' 제정을 통해 공정하고 민주적이면서도 효과적인 인공지능 교육 체계를 구축함으로써 인공지능 시대의 교육 선진국으로 자리매김할 것을 기대할 수 있어야 할 것이다.

참고문헌

관계부처 합동(2019). 인공지능 국가전략.

관계부처 합동(2021). 제4차 이러닝산업 발전 및 이러닝 활용 촉진 기본계획(2022~2024).

교육부(2023a). 디지털 기반 교육 혁신 방안.

교육부(2023b). AI 디지털교과서 추진방안(안).

교육부(2024a). 2025년, 교실에서 마주할 인공지능(AI) 디지털교과서, 모두를 위한 맞춤 교육을 실현. 교육부 보도자료.

교육부(2024b). 제2차 정보교육 종합계획(안) 2025년~2029년.

백연식(2023.4.21). 과기정통부, SW진흥전략 수립… "SaaS 전환 적극 지원". ≪디지털투데이≫, https://www.digitaltoday.co.kr/news/articleView.html?idxno=474553

이영호 · 김한성(2023). 초 · 중등교육 내 생성형 인공지능 도입을 위한 법률적 이슈 탐색 – 디지털 기반 교육 혁신 방안 정책을 중심으로 –. ≪컴퓨터교육학회 논문지≫, 26(5), 129–138쪽.

한국교육학술정보원(2023). AI 디지털교과서 개발 가이드라인.

한국인터넷진흥원(2020). 미국 캘리포니아주 프라이버시 권리법 제정 배경 및 주요 내용.
한국인터넷진흥원(2023). 개인 정보 보호 월간동향분석 제2호.
EUR-Lex. European Union, https://eur-lex.europa.eu/eli/reg/2024/1689/oj

이영호

법무법인(유한) 엘케이비앤파트너스의 구성원 변호사다. 서울대학교 경제학과를 졸업하고 고려사이버대학교 융합정보대학원에서 정보학(세부전공: 데이터사이언스) 석사학위를 받았다. 사법시험 40회(사법연수원 30기)로 대한변호사협회 인증 기업인수합병 전문변호사이며, 부총리 겸 기획재정부 장관상(2021) 및 서울지방변호사회 공로상(2020)을 수상했다. 논문으로 "초·중등교육 내 생성형 인공지능 도입을 위한 법률적 이슈 탐색: 디지털 기반 교육 혁신 방안 정책을 중심으로"(2023)가 있다.